Originalausgabe

Lila Buddhina Sutrafantasie

© 2022, Mathias Bellmann
Herstellung und Verlag: BoD – Books on Demand,
Norderstedt
ISBN: 9783756211708

lila

Wer ist die lila Buddhina?

So habe ich es gehört: eine Frau mit einer purpurnen Aura lehrte die Wege, die zum Buddhafeld führen.

Schaut! Dort oben zieht ein purpurner Schweif über den Horizont. Mit ihm steigt die sechste Buddha-Familie in die Welt des Dharma herab. Die purpurne Buddha ist endlich hier! Mit ihrer lila Buddhakraft bringt sie euch heilsame Weisheit. Ihre Schülerinnen und Schüler steigen die purpurnen Bodhisattva-Stufen hinauf, um allen Wesen zu helfen. Sieh, wie sie dich einladen und dir zurufen: „Komm, rezitiere mit uns das Mantra der lila Buddhina und erwecke dein purpurnes Bodhichitta:

Om lila Liebe.
Om lila Liebe überall in jedem Wesen.
Om lila Liebe überall für jedes Wesen!
Namo lila Buddhina!"

Die lila Buddhina

Ein lila Schweif zog über den Horizont. Manche sagten, es war nur ein Komet, der zu nah an der Erde flog. Andere sahen in ihm ein Zeichen für ein bevorstehendes Wunder. Wie auch immer; die Wahrheit der Weltlichen ist konstruiert. Legt alle Schleier ab. Durchschneidet Mayas Trugbilder und tanzt in der Freiheit der Leere.

Unter einem Kirschbaum hatte sich die purpurne Buddhina in der Meditationshaltung niedergelassen. Mit halbgeöffneten Augen und einem heiligen Lächeln trat sie in eine tiefe Versenkung ein. So saß sie und meditierte.

Es war ein schönes Bild, dass die Buddhina abgab, als sie dort meditierte. Der Kirschbaum war ihr Lieblingsbaum. Sie liebte seine Früchte, aber noch mehr liebte sie seine Aura. Ein Gefühl der Wärme und Verbundenheit umarmte sie immer, wenn sie in seiner Nähe war. Der Gedanke an seine Früchte ließ bei ihr die Geschmacksknospen knistern. Auch ihr könnt die Aura des Kirschbaums genießen, wenn ihr zu seinen Füßen meditiert. Jeden Sommer wird er euch mit köstlichen Früchten reich beschenken.

Es war ein sonniger Tag und immer mehr Frauen versammelten sich um die Buddhina herum. Für sie alle war die Erwachte schon lange zum Leitstern der Weisheit in der Leidenswelt Samsaras geworden. Sie hatten ihre Lehren als Wegweiser zum großen Erwachen angenommen. Auch an diesem Tag hatten sie sich zusammengefunden, um den Weisheitsnektar der Buddhina zu kosten.

Die Zahl der Zuhörerinnen wuchs immer weiter an. Mittlerweile waren es wirklich viele und sie alle erhofften sich Worte der Weisheit zu hören. Eine Bodhisattva begann zu sprechen: „Buddhina, wir freuen uns, heute bei dir zu sein. Wir bitten dich mit aufrichtigem Herzen, erkläre uns die heilsamen Wege, die wir auf dieser Welt wählen können? Denn wir haben so viele Sackgassen genommen und sind so oft gescheitert. Wir bitten dich unsere geehrte Lehrerin zu werden und wir bitten dich, zeige uns den Weg zum wahren Glück." Nachdem sie gesprochen hatte, faltete sie die Hände vor der Brust und verbeugte sich voller Mitgefühl.

Die Buddhina atmete ein und atmete aus. Alle Zuhörerinnen machten es ihr nach. Jede von ihnen spürte, wie sich auf magische Weise alles in ihrem Inneren entspannte. Tiefe, harmonische Ruhe entfaltete sich in jeder und bereitete sie darauf vor, den Dharma in sich aufzunehmen.

Die Buddhina begann zu sprechen: „Fangt mit dem Blick nach innen an. Schaut ganz tief in euch rein. Fragt nach eurem wahren Selbst. Sucht diese Antwort auf den tiefsten Ebenen eures Seins. Werdet nicht müde, bis ihr euer wahres Wesen erkannt habt. Beginnt dann die Sutras und Shastras zu studieren. Seid fleißig und macht die heiligen Texte zu eurem inneren Schatz.

Lernt danach den Wesen zu dienen und helft so viel ihr könnt. Folgt den Lehren der Suttas und Sutras, wenn ihr helft. Aber bleibt unvoreingenommen. Hört den Wesen genau zu, damit ihr ihnen wirklich helfen könnt. Am Ende wird in euch echtes Bodhichitta erwachen. Es wird wie ein Stern leuchten, der euch durch die Dunkelheit führt.

Eine Erkenntnis wird unausweichlich werden: ihr müsst erwachen, um vollständig zu heilen. Ihr werdet auch erkennen, um alle heilen zu können, müsst ihr eine Welt schaffen, die alle zum Erwachen führt. Eine solche Welt kann nur ein Buddhafeld sein. Nur ein Buddhafeld bietet die perfekte Umgebung, um den Dharmapfad zu vervollkommnen. Es ist der einzige

Ort, an dem ihr den Wunsch euch und eure Liebsten aus dem Leiden zu befreien, wirklich wahr machen könnt."

Sie sprach weiter: „Kinder der Erde, der Weg ist frei für ein irdisches Buddhafeld. Das lila Buddhafeld kann sich entfalten und wahr werden. Wir alle können in ihm sein; frei von Leid, wirklich glücklich und ungehindert auf dem Weg zum Nirwana.

Ihr müsst es endlich begreifen: genau hier unterm Kirschbaum könnte das Buddhafeld beginnen. Es könnte sich dann in all die Städte ausdehnen, in denen ihr aufgewachsen seid. Aber jeden Tag, den ihr zögert, dauert es einen Tag länger, bis ihr es geschafft hättet. Ihr müsst schnellstens starten! Jeden Tag, den ihr abwartet, hat es am Ende einen Tag länger gedauert und die Wesen haben einen Tag länger gelitten, geschrien und gekreischt vor Schmerzen. Also lasst alle unbedeutenden Dinge sein und konzentriert euch ausschließlich auf das karmisch Heilsame. Richtet eure Gedanken, Worte, Taten und Absichten gänzlich auf dieses heilsame Ziel aus. Ich verspreche es euch bei der Wahrheit des purpurnen Dharmas: ein Buddhafeld kann auf dieser Erde aufgebaut werden!

Fragt euch täglich meine Freundinnen! Was könnt ihr tun, um die Welt zu retten? Welchen Beitrag könnt ihr leisten? Selbst wenn es nicht möglich wäre, immerhin hättet ihr es probiert, solange ihr es wirklich ernst gemeint habt! Jene die wissen, dass sie mehr tun könnten: mehr um zu helfen, mehr um Schmerzen zu lindern und heilen zu lehren. Jene, die dies wissen und nichts tun, laden leidhaftes Karma auf sich. Ihr gutes Herz wird schmerzen vor Reue. Denn tief in sich wissen sie, statt sich mit Sinnesfreuden zu berauschen, hätten sie anderen helfen können. Sie wissen, deren Glück und Freude hätte sie selbst glücklicher gemacht als irgendein bedeutungsloser Hedonismus.

Ja, es stimmt: die Welt will euch dazu verführen, an tausenden Sinnlosigkeiten teilzunehmen. Tut mir bitte einen Gefallen! Beobachtet die, die es getan haben. Ich meine jene, die jahrelang Drogen und Alkohol in Massen konsumiert haben und ständig einen anderen Menschen bumsten. Guckt sie euch nach den Jahren an. Haben sie wirklich das große Glück gefunden? So viele von ihnen sah ich, die diesen Weg gingen und am Ende in schweren Depressionen endeten oder sich sogar umbrachten. Noch mehr waren da, die sich aus Enttäuschung über ihre Mitmenschen in quälende Einsamkeit vergruben. Möchtet ihr mit Bedauern sterben?

Seht meine Freundinnen, die Kirschblüten sind mir am liebsten. Wenn die Kirschblütenzeit kommt, dann liebe ich es, in ihnen zu baden und ich liebe es, ihre roten Früchte zu naschen, wenn sie reif sind. Jeden Sommer bringen sie süße oder saure Kirschen hervor.

Die Süßen sind wie die reinen Dharmafrüchte und die Sauren sind wie die kostbaren Erkenntnisse, die aus Schmerz und Leid gewonnen werden."

Die purpurne Buddha sprach weiter: „Stellt es euch nur für eine Sekunde vor: eine Welt in der kein lebendes Wesen ein anderes Lebewesen tötet. Wäre das nicht der schönste Traum?" Und die lila Buddhina fuhr fort: „ Der wahr gewordene Dharma des Buddha führt zu diesem Ziel auf Erden! Tief in den Strukturen der Lehre Siddharthas liegt der Bauplan für das Buddhafeld verborgen. Studiert deshalb seine Lehren und macht sie euch zu eigen. Lest die Suttas, die Sutras und die Kommentare. Taucht in die alten Lehren ein und werdet eins mit ihnen."

Purpurne Buddhastrahlen erfüllten die Luft. Sie waren unsichtbar für die Augen derer, die an der Welt anhafteten. Überall strahlte das Purpur ultraviolett. Die Purpurne erklärte: „Reitet auf den Strahlen des lilanen Dharmas in eine bessere Welt. Reitet diese Strahlen in den Kern der Lotusblüte. Kristallene Purpurblüten schützen euch. Ihr seht sie noch nicht, weil ihr blind seid, wenn ihr nur eure weltlichen Augen benutzt. Öffnet euer drittes Auge. Seht durch das Kronenchakra und vor allem seht mit eurem Weisheitsauge! Seht in diesen Blüten, wie ihr zu lila Bodhisattvas heranreift. Eure Herzen vibrieren. Sie wabern schnell und schneller, werden stärker und stärker. Die purpurne Bodhichitta-Energie lädt sie mit neuer Dharmakraft auf."

Die Buddhina blickte ihre Zuhörerinnen mitfühlend an, während sie sprach: „Meine Freundinnen euch hemmt Angst. Ihr glaubt zu sein, wie die Welt sagt, wie ihr sein sollt. Aber ihr vergesst zu sein, wie ihr selbst sein könntet. In euch wartet die Buddhina-Natur darauf, euch mit neuer Weisheit zu erfüllen. Seid bereit, euch diesem Fließen hinzugeben. Folgt den lila Dharmapfaden, die ich euch lehre und werdet purpurne Bodhisattvas.

Wie könntet ihr weitermachen wie zuvor, wenn ihr erstmals erkannt habt, wie das fehlerhafte Weltgefüge die Wesen sinnlos quält. Weckt das in euch nicht den Wunsch, die Welt zu verbessern? Selbst wenn es nur für euch selbst sei, verbessert sie! Denn diese Welt kann jeden von uns sinnlos mit Leid und Schmerz überschütten. Es kann euch in jedem Augenblick treffen. Das wird so lange passieren, bis die Welt ein Buddhafeld geworden ist.

Ihr könnt nie wissen, ob der nächste Moment nicht euren qualvollen Tod bringt. Ja, ihr könntet einen schmerzhaften Unfall haben oder der Keim einer tödlichen Krankheit könnte in euch zu reifen beginnen. Auch die, die ihr liebt, sind nicht davor geschützt. Zu diesen unausweichlichen Gefahren kommen dann die seelischen Qualen eures Geistes hinzu. Die Angst vor eurer Vergänglichkeit lähmt euch. Das Grübeln über den Berg an Krankheiten, der euch jeden Moment zermalmen könnte, quält euch Tag und Nacht.

Die Wesen schreien vor Schmerz und Angst. In ihrem Wahn tun sie berauscht von Hass anderen schlimmste Dinge an. Sie foltern und ermorden sich gegenseitig. Obwohl ihre Opfer schreien, wie sie schreien würden, wären sie an ihrer Stelle. Obwohl ihre hilflosen Opfer endlos vor Schmerzen schreien, verschließen sie sich davor. Getrieben von Gier trinken manche das Blut von lebendigen Menschen und Tieren. Sie sind so blind, dass sie nicht erkennen, wie ihr Handeln zu noch größeren Problemen führt. Sie verstricken sich in ein Netz aus Gewalt und am Ende blicken sie ins Angesicht von Feinden, die sie töten wollen. Es ist ein Kreislauf des Leidens. Eine Ursache des Leidens bedingt eine andere. Ein Schmerz bedingt den nächsten Schmerz. Jeder Schritt wird zu einer Fangfalle. Jede Tat verstrickt sie weiter in ein Netz aus Lug und Betrug." Die Buddhina ließ ihre Worte einige Augenblicke wirken, bevor sie weitersprach.

„Lasst euch von der Welt nicht blenden," bat die Purpurne ihre Zuhörerinnen, „sie täuscht euch vor, euch alles bieten zu können. Sie verspricht euch die schönsten Erlebnisse. Aber sie fordert dafür einen hohen Preis. Sie blendet euch, denn jedes Mal denkt ihr, es währt ewig. Jedes Mal bemüht sich die Welt diesen Eindruck noch nachhaltiger zu erzeugen. Ihr werdet berauscht von all den Formen, Farben und Gefühlen. Doch kein noch so berauschendes Fest, nicht die beste Droge oder der schönste Orgasmus beim Sex währt ewig. Zugleich müsst ihr jede dieser Erfahrungen teuer bezahlen. Samsara fordert für alles einen Preis. Keinen Genuss gibt es umsonst. Doch es gab einen Mann, der erwachte und sich befreite. Er hat den Pfad der Befreiung gelehrt. Sein Pfad ist harte Arbeit, aber der Gewinn dieser Arbeit übersteigt alle Sinnesfreuden der Welt. Buddhas achtfacher Pfad befreit vom Dukkha.

Siddhartha gab euch den achtfachen Pfad. Ich lehre euch den Pfad zum Buddhafeld. Träumt mit uns beiden von einer heilen Welt und wählt den Pfad, der ins Buddhafeld führt! Auch wenn ein Traum nur Schaum ist, in ihm steckt die Energie, ihn in der Welt zu verwirklichen. Es lohnt sich diesen Pfaden zu folgen. Es lohnt sich diesen Pfaden das ganze Leben zu widmen. Der Gewinn wird unermesslich groß sein.

Lasst uns aktiv das Buddhafeld erträumen. Zeichnen und malen wir es. Kommt, wir fertigen Plastiken des Buddhafeldes an und erschaffen Skulpturen von purpurnen Bodhisattvas. Lasst es uns in Liedern besingen und lasst uns unsere Dharma Träume aufschreiben. Wir spinnen abenteuerliche Pläne über den Weg, auf dem wir es wahr machen und verfilmen diesen wunderbaren Traum. Lasst uns gemeinsam jedes Detail planen, um das Buddhafeld zu beleben. Denn das alles sind die kleine Bausteine, die uns dem Ziel näher bringen.

Jetzt kennt ihr Wege zum Buddhafeld. Sie können Spaß machen, wenn ihr euch mit ganzem Herzen darauf einlasst. Lieder über das Buddhafeld zu singen und Buddha-Raps zu produzieren, werden die Welt musikalisch verzaubern. Filme über das Buddhafeld zu drehen und Bilder zu malen, werden ein wahrer Augenschmaus sein. Spiele über das Buddhafeld zu programmieren, werden uns seinem Verständnis näherbringen. Bücher und Gedichte, die wir über das Buddhafeld schreiben, werden unseren Geist stimulieren."

Die Buddhina beendete ihre Dharmalehren. Alle Zuhörerinnen falteten die Hände und verneigten sich mitfühlend. Die Purpurne bat sie nun sich in Dharmagespräche zu begeben. Sie sollten klären, welche Fragen ihnen offen geblieben waren? Sie forderte sie auf ihr Verständnis des Buddhafeldes mit ihren Dharmaschwestern zu teilen. So sollten sie voneinander lernen und Bänder der Freundschaft knüpfen. Denn diese Dharmafreundschaften würden sie jahrelang schützen und dem Dharmaziel näherbringen.

Nachdem sie die Dharmagespräche beendet hatten, meditierte die kleine Sangha miteinander. Alle atmeten in bewusster Achtsamkeit. Dann erhob sich die Buddhina langsam und würdevoll. Jeder der Schülerinnen war klar, dass sie nun gemeinsam die Gehmeditation beginnen würden. Alle erhoben sich in gesammelter Achtsamkeit. Sie wurden sich jedes Schrittes bewusst. Gemeinsam gingen sie auf dem grünen Gras. Sie gingen voller Vorsicht, um kein Lebewesen zu verletzen und keiner Pflanze Schaden zuzufügen.

Sie waren eine längere Zeit in Achtsamkeit gegangen. Jeder Schritt war dabei zu einem heilsamen Genuss geworden. Am Ende der Gehmeditation hatte sich die Buddhina umgedreht und sich mit mitfühlender Liebe vor der violetten Sangha verbeugt. Auch ihre Schülerinnen verbeugten sich voll Dankbarkeit für die heilsame Zeit. Sie wussten, die Verbundenheit dieser kostbaren Momente würde heilsame Früchte tragen.

Die meisten Schülerinnen brachen zu ihrer Heimreise auf. Nur einige blieben und setzten sich unter den Kirschbaum, um über die Dharmalehren zu sprechen. Zusammen mit einer Schülerin brach die purpurne Buddhina zu einem Spaziergang auf. Sie spazierten einige Zeit in gesammelter Achtsamkeit. Ihr Gespräch war dem Buddhafeld gewidmet. Die Schülerin strahlte überglücklich bei jedem Geheimnis, dass ihr die Violette offenbarte. Sie erlangte viele kostbare Einsichten in die Tiefe des Dharma. Sie war dankbar für diese kostbaren Lehren.

Seit vielen Jahren hatte sie den Dharma studiert. Es schien ihr, als ob dieses Gespräch der Lohn für die Jahre harten Dharmastudiums war. Sie verbeugte sich dankbar vor der Purpurnen.

Die Buddhina hielt ihre Hand an den Kopf der Schülerin. Mit ihrem Buddhaauge sah sie tief in deren karmischen Wandel. Sie weissagte ihr den Weg, den sie gehen würde. Sie würde ihr Leben dem irdischen Buddhafeld widmen. Sie weissagte ihr, dass sie nach diesem Leben in einem Buddhafeld wiedergeboren wird, um vollständig zu erwachen.

Nach dem Gespräch setzte sich die Purpurne hin, um zu meditieren. Sie legte alle ihre geistigen Kleider ab, legte alle ihre Masken ab. Sie legte alle ihre Formen ab, legte selbst die formloseste Sache ab und strahlte leer.

Ein Leuchten entstand hoch oben am Horizont. Die ganze Sonne fing an, in einer ultravioletten Farbe zu strahlen. Für einen kleinen Moment erschien die ganze Welt in einem purpurnen Glanz. Die lila Buddhina lächelte. Sie schloss die Augen und trat in die Versenkung ein. Sie durchschritt alle Versenkungsstufen, wie es einst Siddhartha getan hatte.

Alle ihre Schülerinnen spürten die tiefe Weisheit, die sie ausstrahlte. Nur an die Buddhina zu denken, ließ bei vielen neue Dharmafrüchte reifen. Sie alle hatten die Lehre des irdischen Buddhafeldes vernommen und würden diese heilsame Lehre in der Welt verbreiten. Mit ihnen würde sich ein neuer, heilsamer Traum in der Welt verbreiten und die Erde zu einem besseren Ort machen.

Der Traum vom Buddhafeld

Seit Anbeginn der Menschheit träumen wir von einer besseren Welt. Manche wollten ins Paradies. Manche strebten eine Wiedergeburt im Götterhimmel an. Die lila Buddhina ist gekommen, um den Pfad zum irdischen Buddhafeld zu lehren. Schien dieser Pfad vorher verborgen, war sie nun gekommen, um ihn den Hörerinnen zu offenbaren. Jene Wesen, die ihr folgten, wurden zu lila Bodhisattvas, die den Pfad zum Buddhafeld beschritten. Tatsächlich fassen immer mehr Menschen den Mut den Dharma-Pfad zu betreten. Denn sie alle wollen etwas Gutes tun. Ihr Wunsch ist es, etwas zu tun, um diese Erde zu einem besseren Planeten zu machen.

Die purpurnen Bodhisattvas haben den lila Dharma angenommen. Sie haben wirklich begonnen daran zu glauben, dass es möglich sein muss, das Buddhafeld aufzubauen. Denn eine bessere Welt musste möglich sein! Sie wollen diese Leidenswelt nicht länger ertragen und untätig all dem Leid zusehen. Sie haben es satt, wie die Lebewesen dieser Erde leiden.

Die lila Bodhisattvas haben sich die Welt ganz genau angeschaut. Alles was sie fanden, untersuchten sie genau. Das Elend, dass sie gefunden haben, hat sie schockiert. Desto mehr sie die Geschichte des Planeten studierten, desto mehr Katastrophen und Krisen entdeckten sie. All das Leid hat sie so sehr überfordert, dass es sie aus der Bahn warf. Die Wahrheit über die unsäglichen Schmerzen hat sie in Angst erstarren lassen. Lange waren sie unfähig gewesen, sich aus der Umklammerung dieser Angst zu befreien.

Ein lila Funke am Horizont hatte einen neuen Tag anbrechen lassen und der lila Dharma gab ihnen neue Hoffnung. Der Traum vom Buddhafeld wurde zu ihrem leuchtenden Stern in einer dunklen Nacht. Er wurde das gemeinsame Ziel einer neuen Generation

Bodhisattvas. Es war der Traum, den sie zusammen leben konnten. Er gab ihren Leben einen heilsameren Sinn. Er gab ihnen ein neues Ziel.

Auf die Lebewesen lauert in der Welt überall große Gefahr. Jeder neue Schritt könnte ein Fehltritt sein, der sie ins Elend stürzt. Auf jede Tat folgt eine Kaskade von Reaktionen, die in sich Keime für Probleme und Missstände bergen. Aber das müsste nicht so sein! Alles könnte heilsam wirken und glücklich machen. Wäre das Buddhafeld auf Erden schon wahr, würde sich jede Bewegung im Hier und Jetzt heilsam auf alle Wesen auswirken. Doch es ist nicht so. Das ist unübersehbar. Die ganze Welt versucht uns ständig in neues Leiden hineinzuziehen. Aber es muss noch einmal mit Nachdruck gesagt werden: es müsste nicht so sein! Deshalb Freunde, lasst uns das purpurne Buddhafeld auf Erden aufbauen! Denn alles um uns herum würde in einem Buddhafeld das Leid heilen und unsere Leidenssamen in sinnvolles Prajna verwandeln.

„Buddhina", fragte er, „all das negative, schmerzhafte, hass- und giervolle Karma all der Morde, der Schlachten und der Kriege, des sich gegenseitig Fressens, Beraubens und Unterdrückens; all dieses negative Karma, dass dieser Planet angesammelt hat: kann es gereinigt werden? Kann es in heilsames Karma umgewandelt werden?"

Sie antwortete: „Könnte es Zweifel geben, dass es möglich sein muss? Der Pfad, auf dem es möglich wird, ist der Buddha-Dharma. Das Ziel ist das irdische Buddhafeld oder das globale Nirwana.

Ein irdisches Buddhafeld wirkt so heilsam und sinnvoll, dass selbst der Tod heilsam und sinnvoll wird, da in ihm die Samen für eine höhere Wiedergeburt gelegt werden. Es kann das Leben in endloses Glück tauchen.

Die Wesen im Buddhafeld erwerben große Weisheit durch die günstigen Umstände, die dort unablässig wirken. Sie erkennen die Vergänglichkeit in allem und überwinden ihre unheilsamen Anhaftungen. Im Angesicht des Todes handeln sie so weise und reflektiert wie einst Shakyamuni in den letzten Momenten seines Lebens. Im Buddhafeld nutzen die Wesen selbst die letzten Momente ihres Daseins, um meditative Versenkung zu praktizieren. Jeden Samen des Leidens mit dem sie geboren wurden, untersuchen sie mit der Kraft heiliger Buddhaweisheit. Denn das ist der Weg diese Samen aufzulösen oder sie in etwas sinnvolles umzuwandeln."

Sie sagte zu ihm: „Dein Leben kann der Ausgangspunkt sein, an dessen Ende das Buddhafeld steht. Deine Taten können die Bausteine sein, aus denen das Buddhafeld erschaffen wird. Du könntest einer der wichtigsten Wegbereiter dafür werden.

Zögere nicht und beginne damit, das Buddhafeld aufzubauen."

Warum sollten wir in die Ferne schweifen zu fremden, außerirdischen Buddafeldern, wenn die Möglichkeit besteht, auch hier auf Erden ein echtes Buddhafeld zu erschaffen? Das wäre unlogisch. Warum darum beten in einem fernen Buddhafeld wiedergeboren zu werden, wenn wir eines hier zusammen aufbauen können? Das ist viel wahrscheinlicher.

„Kann es wirklich gelingen?", fragte er noch immer zweifelnd. Sie legte ihre Hand auf seine Stirn. Vor ihm entstand ein Zeitstrudel, der wie eine Straße aussah. Sein Geist flog den Zeitstrudel entlang und die Jahre schossen dahin. Er sah einzelne Ereignisse, Ketten und Netze an Entwicklungen. Dann stoppte es. Er sah das lebendige Buddhafeld auf Erden. Es war wirklich da!

Er konnte mit seinen Augen das Leben von Milliarden Wesen überblicken. Es war wundervoll. Sie alle lebten ein glückliches, leidfreies Leben im ständigen Studium des Dharma. Er sah für ihn zuvor unglaubliches und erkannte Zusammenhänge, die ihm nie zuvor bewusst gewesen waren. Er hatte nun verstanden, welche Schlüsselereignisse nötig waren, damit es entstehen kann. Sie sagte: „Wir brauchen die richtigen Ursachen. Denn das Buddhafeld ist die

Auswirkung der Ursachen, die zum Buddhafeld führen."

Er blickte über diese neue Welt. Sie sah aus wie seine Welt. Doch etwas war ganz anders. Denn alles blühte hier. Die Blumen, Tiere und Menschen blühten in harmonischer Eintracht. Er erlebte die lila Weisheit. Sie war die Ursache für ihr Glück. Alle Wesen waren so glücklich, dass es schien, als ob sie von einem hellen Schein umgeben waren.

Wunderschöne Schmetterlinge flatterten um ihn herum. Selbst sie flogen auf den Bahnen des Dharma. Die Vögel zwitscherten und ihre Lieder waren Tropfen der Weisheit. Alle Menschen, die er sah, lebten in Harmonie und Frieden mit den Tieren. Auch die Natur sah gesund aus. Weisheiten wirkten direkt und unmittelbar. Sie heilten alle Wesen.

Er sah sich weiter um. Es war wunderbar. So hatte er sich das Paradies immer vorgestellt. Es erschien ihm unglaublich, wenn er es mit der Realität verglich, aus der er gekommen war. Aber es war da und die Weisheit, die diese Welt ausstrahlte, zerstreute jeden Zweifel in ihm, dass es möglich sein musste.

Lila Regentropfen voller Weisheit benetzten seine Haut und drangen in jede Pore seines Wesens ein. Das Licht erstrahlte in seinem Herzen. Es war das Licht des reinen Mitgefühls. Er erkannte, dass das purpurne Buddhafeld noch heilsamer war als der Weltfrieden. Frieden, Freiheit und echte Gerechtigkeit sind die

Eigenschaften des Buddhafeldes genau wie im Weltfrieden. Doch es bietet noch eine Form des Glücks in meditativen Versenkungen, die im Weltfrieden unerreichbar sind. Auch die vierfache Liebe verband die Wesen hier auf eine Art, wie es in einem Weltfrieden unerreichbar ist, wenn es dort keinen Buddha-Dharma gibt.

Die vom Leid Gequälten erreichen das Buddhafeld und wählen den Weg, der jenseits allen Leidens führt. Es ist ihre heilsame Oase. Es bietet ihnen eine Form von spirituellem Glück, das in einem Paradies nicht zu erlangen ist. Es führt sie auf den Pfad auf dem alles persönliche Leid verschwindet und schenkt ihnen ein Verständnis in das Wesen des Leidens, um es überall aufzulösen.

„Ursachen haben Folgen", erklärte sie, „es gibt scheinbar kleine Ursachen, die kleine Wirkungen gebären, die dann selbst zu gigantischen Ursachen werden. Denn zwischen Ursachen und Wirkungen besteht eine gegenseitige Abhängigkeit. Manch kleine Ursache kann eine ganze Welt verändern. Einige Ursachen halten etwas ganz besonderes verborgen, wie der Same dieser kleinen Sutrafantasie das irdische Buddhafeld verborgen hält.

Das Sutra der lila Buddhina ist eine solche kleine Ursache mit gigantischer Wirkung. Höre es immer wieder. Lies es! Verbreite es! Lerne es auswendig! Lehre es denen, die bereit sind zu zuhören." Er lauschte ihren Worten aufmerksam und schwor sich innerlich, all ihren Ratschlägen zu folgen.

„Erwirb dir heilsames Karma", erklärte die Buddhina, „werde ein lebendiger Baustein des Buddhafeldes. Werde ein lila Bodhisattva, der sein ganzes Wirken auf das wahr werden des Buddhafeldes ausrichtet. Nimm diesen wunderbaren Traum an; versetze dich in ihn und erkenne seine Wahrheit. Geh raus in die Welt und bringe den Wesen der Erde die glückliche Botschaft." Er schwor, das zu seinem Lebensinhalt zu machen. Denn er wollte etwas Gutes tun. Er wollte helfen und die Welt zu einem besseren Ort machen.

Sie sagte zu ihm: „Setz einen Punkt, an dessen Ende das Buddhafeld auf Erden entstanden ist. Setz dann einen zweiten Punkt, von dem etwas in Bewegung gesetzt wird, das ein wahres Buddhafeld hervorbringt. Lass uns dann eine Linie zwischen diesen beiden Punkten ziehen. Das ist unser Weg!

Das Ziel ist klar: es ist das Buddhafeld. Der Startpunkt im Hier und Jetzt ist uns klar. Das sind die entscheidenden Voraussetzungen, die unseren Erfolg garantieren werden.

Lass uns jetzt die ersten Schritte wagen. Die Zweiten und Dritten werden ihnen automatisch folgen. Setzt sich diese Bewegung fort, wird eines Tages der Morgen anbrechen, an dem das Buddhafeld wahr geworden ist.

Es könnte an einem kleinen Ort wie diesem hier beginnen. Bei ihm werden lila Bodhisattvas den Dharma des Buddhafeldes realisieren. Von dort kann es sich ausbreiten und den ganzen Planeten in einen besseren Ort verwandeln. Denn das ist der Ort, an dem alle, die du liebst, sicher und glücklich leben können.

Nicht enge Grenzen, nicht Käfige, nicht Überwachung, nicht Kontrolle, auch nicht Vorbestimmtheit zeichnen das Buddhafeld aus. Freiheit! Es ist Freiheit. Nirwana ist Befreiung. Freiheit ist das Wesen des Buddhafeldes. Keine Königinnen, keine Herrscher, keine Diktatoren und kein Überwachungsapparat mit manipulativer Propaganda können ein Merkmal des Buddhafeldes sein. Einsicht und Erkenntnis sind die Zeichen für das Buddhafeld. Die freie Selbstbestimmung, die aus der mitfühlenden Weisheit geboren wird, ist die Grundlage für eine freie Welt. Das Buddhafeld gebiert eine freie Welt ohne körperliche und geistige Ketten."

Die Buddhina sagte: „Ich will dich nicht erschrecken, wenn ich ständig von all dem Elend und dem Leid hier auf Erden rede. Aber es ist nun einmal da. Wir schaffen es nicht die Welt besser zu machen, wenn wir uns vor der Wahrheit verschließen. Wir müssen ihr direkt ins Gesicht schauen. Nur dann haben wir die Chance, eine Lösung zu finden." Er faltete mitfühlend seine Hände und verneigte sich dankbar vor ihr.

Unsere Leiden haben viele Ursachen, die aufgehoben werden müssen und es gibt Methoden, mit denen diese Ursachen aufgehoben werden können. Das ist sehr wichtig und das Gute ist, dass diese Methoden gelernt werden können. Beides ist das normalste Alltagswissen der Menschen im Buddhafeld. Es ist so allgemein bekannt, wie heute bekannt ist, was das Internet ist.

Das Buddhafeld scheint heute fern und unerreichbar. Hunger, Seuchen, Krieg und Streit scheinen überall zu herrschen. Wir Menschen sind uns uneins in allem. Egal ob es um Politik, Wissenschaft oder Wirtschaft geht. Wir sind zerrissen und zerstritten. Wir heben mentale Gräben zwischen uns aus. Das Buddhafeld scheint so unendlich fern von dieser heutigen Alltagswelt zu sein. Aber in versteckten Ritzen und verborgenen Tälern kannst du heute schon seinen Duft riechen.

Atme achtsam ein. Atme den Duft dieser Worte ein und verstehe ihren Sinn. Wühle dich durch Berge des Wahns und der Verblendung, die diese Welt noch immer formen. Zerschneide die falschen Schleier aus Habgier und Ablehnung. Es sind Anziehung und Abstoßung, die das Weltall formen. Sie sind die Folge falsch verstandener Dualität. Wühlt euch hindurch, bis ihr die Samen des irdischen Buddhafeldes gefunden habt und dann wässert sie, nährt sie und lasst sie wachsen. Sie werden wachsen. Vertraut darauf! Purpurne Kristallblüten werden entstehen und köstlichen Dharmaduft versprühen.

„Oh Wesen", sagte sie mit einem Bedauern, „ich bin kein Gott, der euch unterwirft und zwingt. Da ist der Weg zum Buddhafeld; zum Glück und zur Freiheit aller Wesen dieser Erde. Aber ihr müsst ihn selber und freiwillig wählen. Ich werde euch nicht zwingen. Er ist da. Ihr könnt ihn gehen und glücklich und frei leben. Nur zwingen werde ich euch nicht." Sie fuhr fort: „Versteht mich, dann versteht ihr die Wahrheit von Anatta. Begreift: bedingtes Entstehen kann keine unabänderliche Inhärenz bedingen! Ihr müsst erkennen, Ursachen haben Wirkungen und dieses lila Sutra enthält die Ursachen, die zum irdischen Buddhafeld führen. Aber es braucht noch mehr! Es sind weitere Ursachen nötig. Am wichtigsten sind die Menschen, die mit der Kraft ihres ganzen Herzens das Buddhafeld aufbauen.

Es gibt kein Entstehen und kein Vergehen aus der Sicht der höchsten Wahrheit. Aber es gibt sie für die samsarischen Wesen. Für sie wollen wir das Buddhafeld aufbauen. Denn in ihm werden sie zur höchsten Wahrheit gelangen. In ihm können sie die Früchte der Weisheit genießen. Denn mit der Kraft dieser heilsamen Früchte schaffen sie es, den Leidensstrom zu überwinden."

Der Bodhisattva Große Anstrengung war von weit her gekommen, um die Lehre der lila Buddhina zu hören. Als er die Versammlung erreicht hatte, umschritt er die Buddhina traditionell. Er warf sich dreimal vor ihr nieder und nahm die dreifache Zuflucht. Dann faltete er die Hände und bat: „Bitte ehrwürdige Buddhina, lehre mich dein purpurnes Dharma."

Er fragte: „Denkst du, wir können es schaffen? Denn wie sollen alle Menschen das Buddhafeld verstehen und wie können wir alle zusammen den Weg dorthin gehen?"

„Kein kommen, kein gehen", sagte sie, „wie das Herz-Sutra lehrt. Es ist schon alles hier, also öffne deine Augen und sieh die Welt, wie sie ist. Zweifel nicht und lass dich von der Welt nicht blenden! Große Bodhisattvas wie Guan Yin warten mit offenen Armen, um dir zu helfen.

Stell es dir vor: die Kristallblüte öffnet sich und du säßest in ihr. Kein Schmerz, keine Sorgen, keine Probleme mehr und das wäre so vom Tag der Geburt bis zu deinem Tod. Deines ganzen Wesens wärst du voll bewusst und frei in deinem Handeln. Du würdest unmittelbar das Gesetz von Ursache und Wirkung verstehen. Deine Weisheit würde so rein fließen, dass du ganz natürlich den Sinn von Studium und Lernen erfasst. Natürlich ist die Kristallblüte hier nur ein Symbol, dass für deinen erleuchteten Körper steht. In ihm warten die Samen der Erleuchtung nur darauf zu sprießen.

Jeder Schritt im Buddhafeld bringt heilsames Karma mit sich. Jeder Gedanke dort entsteht in einem geistigen Umfeld, welches Weisheit ganz natürlich entstehen lässt. Jedes Wort, dass eine Zunge spinnt, ist dem Dharma gewidmet und vibriert mitfühlend.

Das ist heutzutage ganz anders. Heute sind die Menschen getrieben von unterbewusster Lust und der Fremdsteuerung durch Medien und Ideologien. Sie verstehen nicht, wie nötig sie befreiende Bildung brauchen. Ihre Geister sind träge. Sie werden schnell schläfrig, wenn sie sich nicht mit ihrem Ego und äußeren Sinnesreizen befassen. Sie sind unfähig, tief entspannt und hoch konzentriert zu handeln. Sie leiden. Selbst unter dem, von dem sie sagen, es macht sie glücklich, leiden sie. Ihre Beziehungen sind monoton und oberflächlich. Ihr Konsum hat sie stumpf gemacht. Sie sind unfähig in den kleinen Dingen das Schöne zu finden.

Gleichzeitig prophezeie ich, dass es möglich ist, eine erleuchtete Gesellschaft zu schaffen. Befreiende Weisheit kann ein Allgemeingut werden. Alle Menschen können zu Trägern erwachter Weisheit werden. Das wäre die Basis für eine heile Welt!

Zwischen den Leben in der Zwischenwelt guckst du in dein eigenes Gesicht. Statt loszulassen vom Hassen, hast du erneut ergriffen und dein Karma hat dich in diese Welt geschmissen. Es ist kein Buddhafeld und somit keine perfekte Welt. Doch genau das wäre ein Buddhafeld: eine perfekte Welt. Nur vom globalen Nirwana könnte sie übertroffen werden. Falls du also eines Tages in einer perfekten Welt leben willst, bleibt deine einzige Chance, ein Buddhafeld auf Erden zu erschaffen.

Nicht die materielle Form entscheidet über das Buddhafeld. Es geht in einem Bauernhaus ohne Strom inmitten einer großen Familie, wo sie nur gefallenes Obst essen oder in der höchsttechnisierten Millionenstadt. Der Kern des Buddhafeldes ist tief verstehende Weisheit. Das Buddhafeld ist das Buddhafeld wegen seines Dharmas, nicht wegen seiner äußeren Form. Der wirksame Dharma in seiner maximalen Form, die in der Formwelt möglich ist, macht das Buddhafeld echt."

Das Buddhafeld auf Erden ist eine noch höhere moralische Seinsweise als der Weltfrieden. Im Angesicht der heutigen Welt bleibt der Weltfrieden ein erstrebenswerter Traum, dem wir mit aller Kraft entgegenstreben müssen. Doch mit der Erkenntnis dessen, was ein Buddhafeld auf Erden bedeuten würde, bleibt klar, wie viel heilsamer es wäre als der Weltfrieden. Nicht der Weltfrieden bleibt somit unser höchstes, moralisches Ziel, dass wir auf dieser Erde erschaffen können. Denn die Buddhina hat es offenbart: das Buddhafeld ist moralischer. Es beinhaltet den Weltfrieden und geht ethisch weit darüber hinaus. Es ist wahr: in einem Buddhafeld lässt sich größeres und reineres Glück erleben als in jedem Paradies. Der Frieden des Buddhafeldes ist friedlicher als der Frieden im Weltfrieden!

Das globale Nirwana scheint als einziges über das Buddhafeld hinauszugehen. Das ist wahr und könnte durchaus als moralischstes aller möglichen Ziele eines Planeten angesehen werden. Doch es entzieht sich dem bedingten Entstehen und dem weltlichen Samsara. Es entzieht sich auch einer klaren, begrifflichen Definition. Es ist somit um ein unaussprechlich Vielfaches moralisch höher als der Weltfrieden. Es ist ethisch noch weiterentwickelt als das höchst moralische, göttliche Himmelreich. Es geht sogar über das irdische Buddhafeld hinaus.

Das Buddhafeld ist die wohl Beste mögliche aller irdischen Formen. Allein das globale Nirwana ist noch besser, aber es bleibt unbeschreibbar und jenseits des Definierbaren. Besser heißt mit weniger Leid oder gar keinem Leid. Besser heißt maximale Gewaltlosigkeit. Besser heißt so glücklich wie möglich. Besser heißt so frei, so weise, so reflektiert und mitfühlend wie möglich.

Ein Buddhafeld bleibt Teil des weltlichen Samsara, allerdings in seiner maximal heilsamen Form. Das globale Nirwana ist nicht mehr Teil Samsaras. Beide – Buddhafeld und Nirwana – sind möglich. Das irdische Buddhafeld scheint wie das Sprungbrett zum globalen Nirwana zu sein.

Sie sagte zu ihm: „Träume vom Weltfrieden. Das ist ein wunderbarer Traum. Aber sieh mein Bodhisattvafreund, ein Buddhafeld ist so viel mehr. Der Weltfrieden meint Frieden für alle. Er bedeutet Sicherheit und Wohlstand für alle. Das ist absolut fantastisch. Aber nach ihrem Tod werden die Wesen reisen und manche abwärts ins Leiden. Ein Buddhafeld offenbart den Weg ins Nirwana. Manche finden das endgültige Nirwana, manche betreten den Bodhisattva Pfad. Ein Buddhafeld ist so viel mehr als der Weltfrieden. Denn auch im Weltfrieden leiden die Wesen. Auch wenn sie im Weltfrieden leben, kennen sie nicht den Weg zum Ende allen Leidens, wie ihn Siddhartha lehrte. Es ist ein Weg so rein und heilsam, dass er sogar den Traum des Weltfriedens und des Paradieses übersteigt.

Das Buddhafeld ist ein so viel größerer moralischer Traum als alle bisherigen, die Menschen träumten. Es schließt den Weltfrieden ein und birgt noch viel Heilsameres in sich. Es ist etwas, das vielfach moralischer und friedlicher ist. Das Buddhafeld beinhaltet das wahr gewordene Paradies und den lebendigen Weltfrieden und geht ethisch weit darüber hinaus."

Die Buddhina erklärte: „Schritt für Schritt können wir uns auf diese Art dem Buddhafeld auf Erden nähern. Stufe um Stufe klettern wir höher zum heiligen Ziel des irdischen Buddhafeldes. Dieses Ziel ist so viel heilsamer noch als das Paradies und der Weltfrieden und es gibt einen Pfad, auf dem dieser Planet fliegen kann, um am Ende in einem alles Lied heilenden Buddhafeld zu erwachen.

Manche Götter schaffen Himmelreiche. Es sind wunderbare Welten. Aber am Ende können die Wesen auch in ihnen tief fallen, wenn dort kein Buddha-Dharma gelehrt wird. Ein reines Buddhafeld übersteigt in seiner Heiligkeit deshalb jeden Götterhimmel."

„Ein Wassertropfen der Weisheit", summte die Purpurne, „tropft in ein riesiges Meer. Er verbindet sich mit dem Rest des Meerwassers und nach und nach verwandelt es sich. Die erleuchtete Energie des Wassertropfens erleuchtet das ganze Meer. Sei dieser Wassertropfen mein Freund. Lerne das Sutra des Buddhafeldes auswendig und dann geh raus in die Welt und lebe es! Werde zu einem strahlenden Dharmadiamanten. Leuchte den Wesen den Weg zum Buddhafeld!"

Purpurne Bodhisattvas

So habe ich es gehört: eine Bodhisattva Mahasattva, die schon vor langem in den Strom eingetreten war, hatte das Bodhisattva-Gelübde abgelegt. Sie wollte den langen Bodhisattva-Pfad nehmen und alle Bodhisattvastufen erklimmen. Denn sie wollte den Wesen helfen, ihre Probleme für immer zu lösen.

Als die Bodhisattva Mahasattva durch die Städte wanderte, hatte sie immer wieder die Lobeshymnen über die purpurne Buddhina gehört. Vielleicht konnte sie ihr auf dem Dharmapfad weiterhelfen. Sie wollte sich selbst einen Eindruck verschaffen. So hatte sie sich auf den Weg zum legendären Kirschbaum gemacht. Er sollte der Ort sein, an dem die Buddhina am liebsten meditierte und ihre Dharma-Weisheiten verschenkte.

Als sie angekommen war, umwandelte sie die Buddhina auf die traditionelle Weise. Dann warf sie sich nieder, nahm die dreifache Zuflucht und setzte sich zu ihrer Seite hin. Sie faltete die Hände und bat: „Bitte Buddhina hilf mir den Dharma besser zu verstehen." Die Purpurne antwortete: „Ich kenne dich. Du warst fleißig und hast ohne Unterlass geübt. Die sechs Tugenden und die vierfache Liebe hast du zum Kern deines Wesens gemacht."

Die Buddhina forderte sie auf: „Meditiere mit mir meine Bodhisattvafreundin." Sie setzten sich in den Lotussitz und schlossen halb ihre Augen. Auf ihrer beider Lippen erstrahlte das Halblächeln. Achtsam atmeten sie ein und aus.

Mit ihrem Buddhaauge sah die lila Buddhina hinaus in die Welt und zeigte der Bodhisattva die Welt. Da waren die Schlachthöfe der Tiere und die Ketten der menschlichen Sklaven. Sie sah Millionen kleine, wehrlos Eingepferchte, die gefoltert und zu Tode gequält wurden. Sie zeigte ihr hunderttausende Frauen, die brutal gezwungen wurden, die sexuellen Begierden von zahlenden Männern zu befriedigen. Da waren solche, die sich zu Tode fraßen, während gleichzeitig andere magersüchtig verhungerten. Sie zeigte ihr die von Hass Gepeitschten, die sich gegenseitig erstachen, erschossen und zu Tode prügelten. Sie zeigte ihr große Männergruppen, die sich gegenüberstanden und aufeinander mit Gewehren und Raketen schossen und wie einer nach dem anderen blutend zu Boden stürzte.

Sie zeigte ihr die Welt, wie sie ist und in der Bodhisattva löste sich der letzte Rest der Anhaftung an die Welt. Denn der Schmerz in ihrem Herzen war einfach zu groß, als dass sie je wieder ein Weltling hätte werden können. Denn immer wieder schossen Messer in die Bäuche, Kehlen und Rücken fühlender Wesen. Die Leichenberge stapelten sich pausenlos. Sie fühlte der Wesen Leid bis ins tiefste Mark.

Sie sah auch, wie die Tat den Täter verrohte und auf einen schlechten Weg führte. Auf diesem Weg vergraulte er alle, die ihm etwas bedeuteten. Die Täter wurden hart und rau. Sie fluchten und schrien. Sie prügelten in ihrem Wahn auf ihre Familien und Freunde ein. Ihre äußeren Schalen wurden extrem hart und undurchdringlich.

Gleichzeitig starben die fühlenden Herzen der Gewalttäter bitterlich und ließen nur dumpfen Schmerz zurück. Dieser Schmerz quälte sie auf eine stumpfe und nebelige Art unaufhörlich. In immer wiederkehrenden Alpträumen wurden die Täter jede Nacht gequält. Sie versuchten sich in Alkohol und Drogen zu ertränken. Aber es gelang niemals.

Stattdessen zerstörten sie dadurch die Gesundheit ihres Körpers und Geistes. Nicht wenige von ihnen nahmen sich das Leben.

All das Elend und die Gewalt hatte die Mahasattva gesehen und sie begann zu verzweifeln. Der Druck in ihrem Kopf stieg und ihr Herz drohte zu explodieren. Aber die Buddhina schenkte ihr auch die Kraft ihrer Prajna. Wie ein magisches Leuchten erhellte sie ihren verblendeten Verstand. In der Bodhisattva wachte das reine Weisheitsauge auf. Während sie den letzten Rest der Anhaftung an Samsara herausriss, erneuerte sie ihr Bodhisattva Gelübde, um zum Wohl aller lebenden Wesen zu handeln.

Sie warf sich vor der Purpurnen zu Boden. Viele tausend Mal wiederholte sie ihren Bodhisattva Schwur. Nachdem die Bodhisattva fertig war, legte die Buddhina die Hand auf ihren Kopf. Noch immer glühte der Schock in ihr über all die Gewalt, die Angst und den Schrecken, den die Lilane sie sehen und fühlen hatte lassen. Aber als die Buddhina die Hand auf ihren Kopf gelegt hatte, beruhigte sich ihr Geist wie auf magische Weise. „Hafte nicht", sagte sie, „nimm den Schmerz der Welt nicht an. Mitleiden verdoppelt das Leid. Fühle mit ihnen auf eine weise und heile Art und finde einen Weg, um ihnen zu helfen. Denn diese wahr gewordene Hilfe wäre die Erfüllung deines Bodhisattva Gelübdes."

Die Bodhisattva Mahasattva kauerte sich hin. Sie kniete nieder. Schrie leise. Bettelte: „Es muss ihn geben! Es muss den Weg zum Buddhafeld hier auf Erden geben." Sie wusste, nur das Buddhafeld auf Erden wäre die Erfüllung aller Bodhisattva Schwüre, die Menschen seit Jahrhunderten abgelegt hatten. Sie wusste, es gab mehr wie sie. Sie fühlte sich mit ihren Bodhisattva Brüdern und Schwestern verbunden. Sie stand in ihren Traditionslinien. Denn in ihren Bodhisattva Schwüren waren alle Bodhisattvas verbunden. Sie schwangen als eine Einheit ohne Schranken und unabhängig von ihrem Wohnort, ihrer Zeit, ihrer Spezies, ihres Gesichts, Geschlechts, Hautfarbe, Größe oder Vermögens. Der Buddha-Dharma verband sie, weil er viel mehr bot als die äußerlich, materialistischen Dinge.

Erschlagen hatte sie die Erkenntnis des wahren Ausmaßes an Schmerz, der in jedem Moment auf der Erde zugefügt wird. Die Mahasattva war traurig, weil der größte Teil davon vermeidbar gewesen wäre. Ja, sie wollte rausgehen und allen erklären, wie sie leben könnten, ohne dabei anderen Schmerzen zu zufügen.

Denn es stimmt: ein Leben ohne Leid ist möglich. Die von euch, die genau hinsehen, die werden erkennen, der größte Teil der Probleme und Konflikte entsteht aus Dummheit heraus. Das ist tragisch, aber es gibt ein Heilmittel. Denn Weisheit heilt von Dummheit. Die Bodhisattva wusste, die Weisheit, die das Sinnlose in den Kriegen verstand offenzulegen, konnte den Frieden sichern.

Also wollte sie die Weisheit kultivieren. Sie wollte eine Weisheitslehrerin werden. Schon Shakyamuni lehrte die Wahrheit über die Welt: ihre Vergänglichkeit, ihre Leerheit von festen Egos und dem Leidensstachel, der in allem vorhanden ist. Mit dieser Einsicht begann die erste Lektion in Weisheit. Die Brahmaviharas waren ihr auch sehr wichtig, aber hauptsächlich wollte sie das lila Dharma der Buddhina lehren. Denn sie wusste, es musste solche wie sie geben, die vom Traum getrieben waren, purpurne Bodhisattvas zu werden. Sie würden auf diesem Weg die Tiefe und Erfüllung finden, die sie immer gesucht hatten. Das war sicher. Alle sollten diese Chance bekommen. Dann könnten sie gemeinsam den Weg zum irdischen Buddhafeld gehen.

Nichts tun, weil ihr zweifelt, ob es gut wird für jene, die euch folgen, kann Sinn machen. Aber nichts tun, während ihr seht, dass sie leiden, ist keine Weisheit. Findet den Mittelweg. Viele große Lehrer haben bewiesen, wie ihre Lehre anderen half. Viele große Erfinder haben bewiesen, wie ihre Arbeit die Probleme der Welt gelöst hat. Aktive Hilfe, die mit Weisheit verbunden ist, hilft!

Ein neuer Tag war angebrochen. Die Buddhina hatte sich mit ihrer Bodhisattva Freundin auf einen

Spaziergang durch die angrenzenden Felder begeben. Die Bodhisattva Mahasattva fragte die Buddhina: „Wie gelange ich hinauf bis zur vollkommenen Buddhaschaft?" „Bodhichitta", antwortete die Buddhina, „führt dich auf den Bodhisattva Pfad und trägt dich von einer Stufe zur nächsten. Es ist der Erleuchtungsgeist. Vertraue darauf, dass dich Bodhichitta auch weiterhin führen wird."

Die Bodhisattva Mahasattva dankte der Buddhina, indem sie sich dreimal vor ihr niederwarf. Sie hatte gewusst, es konnte nur diese Antwort geben. Gleichzeitig hatte sie eine neue Tiefe im Bodhichitta gefunden, die ihr durch die Worte der Buddhina aufgegangen war, derer sie sich nie zuvor bewusst gewesen war.

Sie war weit gekommen auf dem spirituellen Pfad. Mit Freude erinnerte sie sich an die ersten Früchte nach dem Stromeintritt und all die weiteren Weisheitsfrüchte, die sie gekostet hatte. Doch der wichtigste Teil des Erleuchtungspfades, der Weg zum Anuttara Samyak Sambodhi lag noch vor ihr.

„Meine liebe Freundin", sagte die Purpurne, „sieh die Welt als ein spirituelles Kraftfeld. Es ist eine Welt geformt aus geistigen Qualitäten. Dieses Kraftfeld kann zum Heilsamen oder zum Schmerzenden gewendet werden. Das Buddhafeld ist die maximale Wendung zum Heilsamen in diesem Universum. Nur das gelebte, vollständige Nirwana ist noch heilsamer, entzieht sich aber dem Maßstab des universellen Daseins. Zen fragt, was ist mein wahres Selbst, aber du Bodhisattva frage dich: wie rette ich die Welt?"

„Wie soll ich vorgehen?", fragte die Bodhisattva Mahasattva. Die Buddhina antwortete: „Betritt den Pfad, der zum Buddhafeld führt. Bereite dich darauf vor, deinen Beitrag zu leisten, um es wahr zu machen und sieh zu, wie deine Taten sich entwickeln. Übe das beständig und sammele Erfahrungen und dann versenke dich in deine neuen Erkenntnisse. Versuche wirklich zu verstehen. Erkenne die Zusammenhänge und das bedingte Entstehen.

Sieh tief hinein in die Zusammenhänge und sieh dahinter. Irgendwann wirst du alles notwendige gelernt haben. Das ist der Moment, wenn du eine purpurne Bodhisattva des irdischen Buddhafeldes wirst. Lass deiner Erkenntnis Taten folgen. Handle aktiv, aber überlege und reflektiere deine Taten genau. Baue daraus komplexe Handlungs-Reflektionsketten, die dich unserem Traum immer näherbringen.

Versuche andere zu finden, die mit dir diesen Weg gehen wollen. Verbindet dann eure Handlungen mit Mitgefühl und Weisheit. Seid wirklich kritisch miteinander und zugleich voller Fürsorge für eure Weggefährten."

Die Bodhisattva war so erfreut über die Ratschläge der Buddhina, dass sie freudig verkündete: „Am Morgen will ich erwachen und mein Bodhichitta anstimmen. Am Tag will ich üben die helfende Hand für alle Wesen zu sein, denen ich begegne. Wenn ich abends einschlafe, dann sollen meine letzten Gedanken dem Dharma gewidmet sein."

Die Bodhisattva Mahasattva wollte der Dharma-Lehre mit noch größerer Begeisterung folgen. Dank der Buddhina hatte sie neue Weisheiten erlangt, derer sie sich nie zuvor bewusst gewesen war. Die Purpurne hatte ihr Einsichten geschenkt, die ihr den Staub von den Augen gewischt und Altes wieder aufgerichtet hatten, dass lange verschüttet gewesen war. In ihren gefalteten Händen entstand der Wunsch den lila Dharmapfad zu meistern und eine purpurne Bodhisattva zu werden. Ihre Kleider wollte sie purpur einfärben und eine lila Sangha gründen, die ein friedlicher Lernort für alle Teile der Sangha sein sollte.

Die Möglichkeiten der lila Sangha waren gigantisch. Sie hatte bisher keine Vorstellung, was diese alles außergewöhnliches schaffen könnte. Wie sie, zweifeln viele und haben ihr Bewusstsein aus Kleingeistigkeit gebastelt. So blockieren sie ihr wahres Selbst. Sie begrenzen sich selbst und verhindern, dass sie in voller Schönheit strahlen können. Sie versperren sich damit auch die Möglichkeit, aktiver Teil der Sangha zu werden.

„Was ist mit denen, die an der Religion zweifeln und nur an die Naturwissenschaft glauben", fragte die

Bodhisattva. Die Buddhina lächelte weise: „Die Wahrheit der Welt wird von beiden Sichtweisen nicht einmal ansatzweise richtig erfasst. Meine Bodhisattvafreundin, ich sage dir, wenn selbst eine davon schon die richtige Welterklärung wäre, würde in jeder davon ein Buddhafeld auf Erden erschaffen werden können."

Das Buddhafeld richtet sich nach der höchsten Wahrheit aus. Von den unvollständigen Erklärungsmodellen der heutigen Menschen ist es nur bedingt abhängig. Aber es steht fest: das heutige Weltverständnis reicht aus, um ein Buddhafeld aufzubauen. Das Morgige wird auch ausreichen!

Die Buddhina zeigte ihr eine Vision von einem großen Bodhisattva. Sie sah wie er fleißig meditierte, um auf dem Dharmapfad fortzuschreiten. Er war einer von denen, die bereit waren, die Zeit des Buddhafeldes als Vorbereitung zu nutzen, um danach hinabzusteigen in die tiefsten Leidenswelten. Er wird es freiwillig tun! Ihn hatte der Ruf Kshitigarbhas erreicht. Dieser Bodhisattva war dafür bekannt, in die schlimmsten Leidenswelten zu gehen, um dort zu heilen. Der Übende kann mit ihm dorthin gehen, doch er muss nicht. Denn dort ist es hart. Es ist sogar extrem hart; besonders nachdem ein Wesen die Wonnen eines Buddhafeldes genossen hat. Aber dieser Praktizierende erhörte den Ruf Kshitigarbhas und war bereit ihm zu folgen. Er wird nach seiner

Zeit im Buddhafeld hinabsteigen in die leidreichen Höllenwelten, um den Wesen dort zu helfen. Er wird ihnen zeigen, wie der Dharma sie von ihrer höllischen Qual befreit. Er weiß, er selbst wird dann durch Qualen und Schmerzen gehen müssen. Aber sein mitfühlendes Herz lässt ihm keine Wahl.

Dann zeigte sie ihr eine andere Gruppe Bodhisattvas. Sie trugen die lilanen Ordinationsroben. Sie alle rezitierten das lila Mantra Stunde um Stunde. Es war für sie wie ein Brennstoff, der ihre Bodhisattva-Motoren antreiben würde, wann immer sie zu den Leidenden gehen werden. Mit ihrer Kraft wollen sie den Altruismus lebendig machen. Sie wollen mit dieser Energie zu unaufhörlichen Fürsprecherinnen des Friedens werden. Frieden unter Friedlichen zu verkünden ist einfach und harmlos. Aber sie sammeln die Kraft und den Mut, um zu den Streitenden und Kriegslüsternen zu gehen, um ihnen die Genüsse des Friedens schmackhaft zu machen.

Sie zeigte ihr einige Jugendliche, die den Dharmapfad betreten wollten. Sie warfen sich in Demut vor den Buddhas aller Zeiten und Welten zu Boden. Sie sind es, die die Weisheit lehren, um alles Leiden heilsam aufzuheben. Diese Teenager wollen den Dharma lernen. Denn sie wollten helfen das Buddhafeld aufzubauen. Sie haben geschworen, ihr Leben dem Altruismus und Pazifismus zu widmen. Denn ein Leben des sinnlosen Konsums und

Berauschens schien ihnen verschwendet. Ihr Wunsch war es, anderen zu helfen und daran mitzuwirken, dass diese Welt ein besserer Ort für jedes Wesen wird.

Sie zeigte ihr eine Gruppe Senioren. Sie lebten in einem kleinen Dorf. Sie praktizierten den Dharma sehr ernsthaft. Sie wussten, sie waren Gesegnete. Allein das Wissen um den Dharma hat sie zu Glücklichen gemacht. Sie haben begriffen, dass schon die Möglichkeit den Dharma lernen und praktizieren zu können, sie zu reich Beschenkten gemacht hat.

Sie zeigte ihr viele weitere, die ernsthaft den lila Dharma praktizierten und den Traum vom irdischen Buddhafeld wahrmachen wollten. Das machte die Bodhisattva Mahasattva sehr glücklich. Sie wollte es ihnen nachmachen. Den Rest ihres Lebens wollte sie dem Dharma widmen. Sie warf sich vor der Buddhina zu Boden. Sie dankte ihr von ganzem Herzen für die Einsichten, die sie ihr gewährt hatte. Sie schwor eine lila Bodhisattva zu werden, bis das Buddhafeld auf Erden Wirklichkeit geworden war.

Dharmawege

Die Welt ist ein dichter Dschungel. Überwuchert von dichtem Unterholz und stacheligem Gestrüpp liegt ein alter Pfad verborgen. Er ist zugewachsen, aber er ist noch da. Wenn du ihn suchst, kannst du ihn wiederfinden. Wer ihn vollendet, kann das Leiden aller Wesen beenden. Der Sieger nannte ihn den Pfad des Buddha-Dharma.

Der achtfache Pfad ist ein sicherer Pfad. Sieh all die anderen Pfade, die dir die Welt bietet. Sie sind voll von Gestrüpp und scharfen Dornen, die dich stechen werden. Auf dem weltlichen Pfad wirst du endlosen Gefahren trotzen müssen. Der achtfache Pfad scheint manchmal steil zu sein, wenn du ihn beschreitest. Manchmal mag er auch von deinen Kräften zehren und dir alles abverlangen. Aber auf dem achtfachen Pfad werden dir nicht die scharfen Stacheln der Wandelwelt ins Fleisch schneiden. Denn das sind die scharfen Stacheln der Angst und des Hasses, die eitrige Wunden reißen. Noch wirst du die Samen der

Gewalt säen, die dich einholen können. Auf dem achtfachen Pfad kannst du dich sogar vom klebrigen Eiter deiner Habgier befreien.

Aus den Wolken strahlte ein purpurnes Licht und erhellte die Welt. Die lila Buddhina erhob die Hand im Mudra der Lehrrede. Sie sprach über den inneren Pfad und auch den Pfad zu Bodhichitta, den Weg der Bodhisattvas. Sie lehrte sogar den schnellen Pfad und den Pfad der Arhats. Die, die zu viel Kummer und zu viel Schmerz erfahren hatten in diesem Leben und den Letzten, denen erlaubte sie die Arhatschaft und zeigte ihnen, wie es geht.

Auch an die Weltlinge hatte sie gedacht. Für die, die als Laien und Laiinnen leben wollten, entwickelte sie einen niederen Dharma. Ihre Augen waren noch zu sehr gefesselt von den Verlockungen der Welt, als das sie akzeptieren konnten, dass nur das Nirwana dauerhaftes Glück bietet. Doch viele von ihnen wollten dennoch den Dharma studieren. Denn der Glanz der buddhistischen Weisheit lockte sie an.

Die Tiefe der Buddhalehre faszinierte die Laiengemeinde. Sie hatten längst begriffen, wie wahr der Dharma ist. Leider hatten sie noch zu starke Anhaftungen an die Welt. Heute leiden sie und morgen werden sie getrieben von ihren Bedürfnissen. Sie werden aufgepeitscht von den Stürmen der Welt und sind Gefangene ihrer Sinne. Gleichzeitig erklang immer lauter werdend das Bodhichitta in ihrem

Inneren und nährte die Sehnsucht nach der heilenden Kraft des Dharma.

Es ist fast ein Wunder, dass der Dharma in diesen Weltlingen erwachte. Aber so war es und ihre Zahl wuchs ständig an. Denn der Wunsch nach Tiefe im Leben und nach beständigem Glück schlug auch in den Herzen derer, die an die Welt gebunden waren.

Die lila Buddhina öffnete ihre Hände im Mudra des doppelten Gebens. Um ihre Hände erstrahlte die holographische Projektion einer purpurnen Blumenlandschaft. Eine wunderschöne Lotosblüte erstrahlte mit scharfen Umrissen und wurde dann unklar und durchsichtig, um Platz für das klare Bild einer Orchidee zu machen. Viele Blüten entstanden hintereinander und auch gleichzeitig und alle Zuhörerinnen fühlten sich beschützt. Die Blüten versprühten den Duft des Dharma. Er kitzelte die Schülerinnen wach. Weitere Blüten entstanden und wuchsen zu duftenden Blumenfeldern an. Alle Zuhörerinnen strahlten glücklich angesichts dieser Schönheit. Der Dharmaduft hatte einen heilsamen Glanz in ihre Leben gezaubert. Er würde sie beschützen, bis sie alle die Bindungen an Samsara abgeschüttelt hätten.

Die lila Dharmawolken webten Bilder reinster Dharmaweisheit. Die Dharmawolken nahmen die Form von zehn Stufen an. Diese waren in der Welt bekannt als die zehn Bodhisattvastufen. Die zehnte und letzte strahlte in auffallend schönem Purpur. Es war als ob das Purpur eine Einladung ausstrahlte und jedes Wesen einladen wollte, dass den Weg des Heilens zu gehen bereit war. Über der zehnten Dharmawolke erschien ein holographisches Abbild der Buddhina. Ihre Arme waren weit ausgestreckt im Mudra des herzlichen Empfangens.

„Meditiert mit mir", forderte die lilane Buddhina ihre Bodhisattvas auf. „Meditiert mit mir Freundinnen! Lasst uns tief in unser eigenes Wesen hineinschauen. Dort ist Wahrheit, auch wenn sie leer ist in ihrem Wesen. Befreiung wird ihr folgen. Ihr bleibt frei, bleibt Seiende, aber freie Seiende. Denn die Wahrheit befreit und heilt."

Sie sprach weiter: „Wir sind alle Freundinnen im Dharma. Er ist das Band, dass wir knüpfen. Er verbindet uns. Er ist das schützende Dach, dass uns vorm Hagel der Missgunst, des Neides und der Zwietracht schützt. Er ist unser gemeinsamer Weg. Also hütet eure Zungen, bevor sie verletzen. Nutzt eure Sprache, um zu versöhnen und die Herzen eurer Mitmenschen zu erfreuen."

Nach der Meditation erhob sich die Buddhina. Wasser kam aus ihren Füßen und Feuer spie in den Himmel. Sie sagte: „Haftet nicht am Schein magischer Wunder. Heute ist fliegen für alle Menschen normal geworden, so wie das Feuer-Wasser Wunder eines Tages für alle normal sein wird.

Glaubt an Heilsames. Glaubt an Leiderlösung. Glaubt an den Weg der Weisheit, den die Buddhas lehren.

Ihr lebt in einer Welt, in der ein höchster Buddha leibhaftig erschienen ist. Bis heute ist sein Wirken spürbar. Nennt euch also Glückliche! Ihr lebt in einer gesegneten Welt, denn Shakyamuni war der lebende Beweis für Anuttara Samyak Sambodhi. Andere Welten hatten dieses Glück nicht und ihre Bewohner müssen nur mit reinem Glauben und der Hoffnung leben, dass die Buddhaschaft möglich sein muss. Ihr aber seid mit diesem großen Glück beschenkt worden. Ihr alle müsst heiliges Karma besitzen, in einer Welt geboren zu sein, in der das Wirken eines lebendigen Buddhas noch greifbar ist.

Vor ihm wandelten andere Buddhas auf dieser Erde. Shakyamuni aber ist der historische Buddha. Denn sein Wirken hat Spuren in der Geschichte hinterlassen, die ihr finden könnt. Durch all seine Zeugnisse aus der Vergangenheit werdet ihr euch mit ihm verbinden. Auf diese Art wird er euer persönlicher Lehrer werden."

Sie sprach mit ernster Stimme weiter: „Ehrlich! Macht es euch bewusst! Ihr könnt durch das Studium der Lehre Gautamas einen Weg kennenlernen, der euch nach und nach von all eurem Leiden befreit. Überlegt euch das Mal: das ist doch das, was ihr euch insgeheim immer gewünscht habt! Also worauf wartet ihr? Fangt an und intensiviert eure Dharmastudien so schnell wie möglich. Gebt nicht auf und haltet durch, bis ihr das Ziel erreicht habt.

Lernt alles, was ihr finden könnt über den Dharma. Saugt es auf wie ein gigantischer Staubsauger. Wühlt euch durch die jahrtausendealte Geschichte des Buddhismus. Erforscht jede Schicht bis euch das Licht der Erkenntnis aufgeht. Habt ihr das Wissen eingesammelt, dann meditiert. Verarbeitet alles und konzentriert euch so lange, bis ihr zu Buddhaleuchten in der Welt geworden seid. Dann ist der Moment gekommen, um mit dem Lehren zu beginnen!

Purpurne Ströme fließen durch eure Adern, eure Venen und bis zu euren Herzen. Dort erwecken sie reine Liebe. Es wird wahre, reine und mitfühlende Liebe sein, die jedes Wesen umarmt. Diese Liebe formt euer ganzes Wesen neu, so als wärt ihr grenzenlos mit allem verbunden. Sie gibt euren Leben neuen Sinn. Diese heilsame Erkenntnis kann euch alle heilen."

„Vierfache Liebe", erklärte die Buddhina, „stellt an den Beginn eures Übungsweges. Lasst sie zusammen mit dem achtfachen Pfad eure Basis sein. Fangt mit euch an und dann weitet die Kraft eurer Liebe aus, bis sie alle Wesen umfasst. Auf kleinen Schritten auf dem Dharmapfad zu wandeln, ist vernünftiger, als sich sinnlos mit großen Schritten zu berauschen.

Der Fluss des reinen Geistes, gereinigt von Hass und Gier und seiner Unfähigkeit das wahre Wesen zu erkennen, ist Liebe; Liebe in vierfach, grenzenloser Form. Falls ihr je nach eurer wahren Natur gesucht habt, dann werdet ihr sie in der Leere der Liebe finden.

Fühlt Maitri, Karuna, Mudita und Upeksha. Fühlt und lebt sie. Werdet zu dieser wahren Liebe und lebt sie aus. Seid wie ein Fluss aus reiner, vierfacher Liebe. Spült jedes Hindernis davon und umarmt mit eurer grenzenlosen Liebe alles. Tretet in die Stufe der Raumunendlichkeit ein und fühlt mit allen Wesen.

Nutzt diese vierfache Macht und verwandelt euer Leben. Wo heute noch Trübsal und Bedrückung eure Leben dominieren, werden eines Tages Glück und Offenheit einkehren. Vertraut darauf, dass diese Macht in der grenzenlosen, vierfachen Liebe verborgen liegt."

Ein Strahl kitzelt eure Nasen. Es ist ein lila Buddhastrahl. Folgt seinem Ruf. Seid still und lauscht! Unter dem Alltagskrach spielt eine Melodie. Es ist das Summen des violetten Dharmas. Öffnet eure Herzen dafür. Denn ihr müsst mit euren Herzen sehen lernen. Fühlt tief in euch hinein. In euch verstecken sich ungeahnte Kräfte und das grenzenlose Potential Bodhichittas.

Eure Weisheitsaugen werden geblendet von äußeren Sinnesreizen. Sie sind brennende Sinnestore, die vom Alltag gefesselt sind und euch nur in immer neues Leid stürzen. Sie lösen in euch Anhaftung und Gier aus und verstricken euch in immer neue Probleme. Fürchtet ihre Verstrickungen. Desto tiefer ihr in sie hineingeht, desto mehr verfangt ihr euch. Am Ende kommt ihr nicht mehr raus aus diesem Gefängnis äußerer Sinnesreize. Euer Geist wird so gefesselt vom Äußeren, dass ihr euer Inneres vergesst. Statt es zu pflegen und zu kultivieren, verkümmert es und wird stumpf.

Studiert lieber den Dharma, denn die verschiedenen Dharmatraditionen sind ein Schatz. Sie sind der kostbarste Schatz der Erde. Die einen sitzen einfach und meditieren. Die anderen opfern, beten und werfen sich vor den Buddhas zu Boden. Es gibt jene, die studieren pausenlos die heiligen Texte. Dann gibt es die purpurnen Bodhisattvas. Sie wollen das irdische Buddhafeld aufbauen.

Ihr solltet alle Dharmaaspekte verstehen lernen. Untersucht genau, wie sie in der echten Welt wirken. Drei Körper und ein Körper; lernt das zu verstehen und lernt den Tugenden zu folgen. Vervollkommnet sie und wählt den Pfad, der im Buddhafeld endet.

Sechs Buddhafamilien warten geduldig auf die Sinnsuchenden, um sie mit Weisheit zu nähren. Sie sind wichtige Übungsobjekte. Schafft eine Verbindung zu jeder von ihnen, indem ihr sie visualisiert. Sitzt, meditiert und lernt eins mit der Visualisation zu werden, bis ihr Realisation erlangt.

Im Westen findet ihr strahlend rot Amitabha. Im Norden leuchtet grün Amoghasiddhi. Im Osten lehrt im blauen Glanz Akshobhya. Im Süden strahlt in goldenem Gelb Ratnasambhava. Wenn ihr euch tief versenkt, findet ihr in kristallenem Weiß Vairocana in euch. Hier in unserer Welt erscheint jetzt auch die lila Buddhina, um für alle auf dieser Erde ein helfendes Licht zu werden. Sie weist den Weg zur Befreiung. Das Zeichen, dass sie euch gesandt hat, ist ihre purpurne Sutrafantasie. Es ist der Wegweiser zu ihr, zum purpurnen Dharma und zum irdischen Buddhafeld.

Manche lehren die drei Fahrzeuge. Anderen lehren das Eine, aber immer im Gegensatz zu den Drei. Ich sage: es hat Shakyamuni gegeben und er bewies, dass Nirwana lebendig ist. Also folgt ihm. Hört zu, was er lehrte und findet in euch die lilane Bodhichitta-Stärke. Studiert die Dharmalehren der letzten Jahrtausende mit Weisheit, aber schränkt euch nicht ein, bis ihr erleuchtet seid. Wachst weise und weitet euer Mitgefühl aus.

Ein kleines Fahrzeug, ein Großes oder nehmt gleich eines, das mit Diamanten besetzt ist. Aber glaubt nicht an die Unterschiede. Lebt sie, nutzt sie; aber erkennt: die Wahrheit des Dharma liegt tiefer als die Unterschiede in den Traditionen. Der Buddha-Dharma aber ist wahr! Weder trifft es zu, dass er sich in drei Fahrzeuge unterteilt, noch nur eines ist. Aber es ist der Pfad auf dem Siddhartha das Nirwana wahr machte.

Manche lehren gar neun Fahrzeuge. Aber all das ist nur wenig bedeutend für die purpurnen Bodhisattvas. Denn ihr Hauptziel ist das Buddhafeld. Studiert die Lehren und Texte, aber konzentriert alle eure Verdienste auf das Ziel des irdischen Buddhafeldes. Versteht den Inhalt aller Fahrzeuge, aber richtet eure gewonnene Weisheit so aus, dass ihr die Lehren zum Heilen in die Welt bringt.

Drei Weltzeitalter soll der Bodhisattva üben, sagen die alten Texte. Es ist wahr und doch zählt nur der jetzige Augenblick. Vergesst den Druck überzogener Erwartungen. Begebt euch ganz in den gegenwärtigen Augenblick. Versucht mit reiner Achtsamkeit jede Möglichkeit zu helfender Güte zu nutzen.

Die Struktur des Seins ist nicht dual. Aber im Samsara ist alles auf die duale Art ausgerichtet. Im Buddhafeld ist dies überwunden und eben deshalb entstehen nicht bei jeder Tat neue Folgeprobleme.

Wenn alles vergeht und dies unübersehbar ist, dann sollten wir nur Lehren glauben, die dies offen thematisieren. Alles vergeht. Jeder Gott vergeht. Selbst der Tod ist vergangen mit dem Augenblick der Wiedergeburt.

Wie in jeder Zeit halten die Menschen ihre Welterklärungsideen für die Echtesten. Aber es wird eine Zeit kommen, da werden sich die Erkenntnisse weiter entwickelt haben, sodass das heutige Wissen überholt sein wird. Das gilt für jede Zeit. Auch ein Buddhafeld bleibt Teil dieser Zeit und ist vergänglich. Doch es ist jenes Weltdasein, welches das Heilsamste für seine Bewohner ist.

Zu sagen, dass das Buddhafeld genau so sein muss, etwa voller Kristallblüten in denen die Wesen geboren werden, ist Schwachsinn. Das Buddhafeld ist, was es ist durch seine Heilkraft für seine Bewohner. Das ist sein Wesensmerkmal und nicht ein äußerlich, vorgestelltes Erscheinungsbild. Das Besondere an dieser Heilwirkung ist, dass es uns dem Nirwana immer näherbringt. Es führt zum großen Erwachen und zum Ende unseres persönlichen Leidens.

Dukkha ist ein Naturgesetz und erst mit dem globalen Nirwana wäre das weltweite Leid endgültig überwunden. Leider heißt es, auch im irdischen Buddhafeld wird es noch Leiden geben. Dies wird aber ganz anders sein als das Leiden in unserer aktuellen Gesellschaft. Das Leiden im Buddhafeld ist der Dünger für Bodhichitta. Während hier in dieser oberflächlichen Hedonistenwelt Leid nur eine Ursache für neues Leid ist.

Ja, es gibt auch eine andere Welt. Verborgen hinter Alltagsmasken liegt eine tiefere Welt verborgen. Wendet euch ab von der Sinneswelt und wendet euch euch selbst zu. Meditiert und erkennt euer wahres Selbst. Das ist der Weg, der durch die Schleier des

Alltags hindurchführt in eine Welt voller Wunder und Mitgefühl.

Lasst nicht neues Leid das Alte ersetzen. Löst das Leid heilsam auf. Es gibt ein Ende der Ketten aus jenen Ursachen und Wirkungen, die Leid erzeugen. Es gibt eine Weisheit mit der Macht, das Leiden aufzulösen.

Überprüft jede Tat, jedes Wort und jeden Gedanken. Was erzeugt Leid? Was heilt? Wie es der achtfache Pfad lehrt: strengt euch vollkommen an, alles heilsame zu fördern und alles unheilsame aufzulösen. Das ist eure Aufgabe. Das ist eure tägliche Dharmapraxis! Das ist der Weg all derer, die nie wieder wollen, dass Menschen in Gaskammern ermordet oder in Massen erschossen werden.

Öffnet eure Herzen und zweifelt nicht, wenn es erst brennt vor Schmerz im Angesicht der Welt und eurer Verletzlichkeit. Denn wenn ihr ein heiliges, reines Herz erlangen wollt, müsst ihr durch die Wahrheit der Welt gehen. Schmerz und Not werden euch unausweichlich begegnen. Lasst euch davon nicht euren Mut rauben oder euer Bodhichitta trüben. Bleibt standhaft und übt den Erleuchtungsgeist. Es gibt eine heilsame Frucht, die aus der Dharmapraxis entsteht. Der Schmutz der Welt kann ein Dünger sein. Denn das Leid zu sehen oder selbst Leid zu erleben; können eure Absicht steigern, euch befreien zu wollen.

Momente sind kostbar. Kein einziger kommt zurück. Jeder verlorene zählt als Verlust. Aber wann ist er verloren? Dann wenn ihr ihn nicht für heilsames Karma nutzt. Dann wenn ihr euch treiben lasst in Sinnlosem. Seht den Geist der Tiere. Sie können tiefe Weisheit nicht erfassen. Aber ihr könnt es! So kommt es: selbst wenn die Tiere viel negatives Karma ansammeln, weil ihr Geistessinn schwach ist, wiegt es nicht so schwer wie eures. Denn ihr habt die Möglichkeit heilsames zu erfassen und danach zu handeln. Das ist eure Chance und Pflicht!

Die Erkenntnis, dass das Wesen aller Wesen Leerheit ist, befreit von der falschen Vorstellung. Leerheit selbst gibt es nicht, aber das Wesen der Wesen ist Leerheit und diese Wahrheit hat heilende Kraft. Versteht! Versucht wirklich zu verstehen. Wahrheit heilt. Sie ist die tiefe Erkenntnis dessen, wie Dinge wirklich sind.

Sind die Umstände schlecht und die Welt nur wenig entwickelt, bleibt oft nur das Gebet. Doch hier und jetzt sind die Umstände gut und die Welt bietet viele Möglichkeiten. Statt sich ausschließlich auf das Gebet zu verlassen, haben wir jetzt und hier die Chance auf eine friedlichere Welt. Wir haben die Chance auf das Buddhafeld hinzuarbeiten.

Es zählt nicht, wenn ihr es nur Dharma nennt oder das Wort Buddha wie ein Label benutzt. Es meint eine Art zu leben. Es beschreibt, wie wir durchs Leben wandeln. Es ist ein bestimmter Pfad, den wir gehen. Wir nennen es Dharma und Buddha, weil der historische Buddha Shakyamuni in Indien Anuttara Samyak Sambodhi verwirklichte. Hätte er es in Germanien oder Persien erlangt, dann würden wir heute germanische oder persische Wörter verwenden. Nicht das Benutzen der Wörter macht den Dharma zum Dharma und den Buddha zum Buddha. Entscheidend ist die tiefe, authentische Weisheit, die damit gemeint ist.

Eine Bodhisattva war durch die Stadt gezogen, um sich der Lehre Siddharthas gemäß ihr Essen zu erbetteln. Als sie auf einen Platz kam, sah sie wie eine Gruppe älterer Menschen sich stritt. Sie ging zu ihnen und sprach mit den Streitenden. Sie schaffte es, sie zu beruhigen. Dann sprach sie: „Ihr Menschen; seht uns an, was wir getan haben! Wie oft haben wir uns ermordet, erschlagen, erstochen, zerbombt, mit Steinen tot geworfen und verbrannt; nur weil wir die Meinung der Anderen nicht akzeptieren konnten? Weil wir nicht wollten, dass sie denken, wie sie denken. Befreit euren Geist. Lasst Gedanken frei sein und lasst euch nicht von euren eigenen Gedanken in Fesseln legen.

Meinung hier. Meinung da. Heute ist das eure Meinung. Morgen behauptet ihr genau das Gegenteil. Wer immer dann eine andere Meinung hat als ihr, den betrachtet ihr als euren Todfeind. Ihr seid die Opfer eurer Gedanken und Ideen. Statt mit euren fühlenden Herzen mit den anderen in Verbindung zu treten, urteilt ihr sie mit eurem meinungsgeilen Geist ab. Ihr macht nicht einmal vor euren Eltern und besten Freunden halt. Schämt ihr euch nicht, dass eure Meinung euch mehr gilt als die Liebe zu ihnen?

Der denkt falsch, denkt ihr dann. Der hat euch zu große Ohren oder eine schiefe Nase. Der hört die falsche Musik oder trägt eine komische Hose. Ihr urteilt. Ihr verurteilt die ganze Welt. Aber alles, was ihr dabei erreicht, ist, dass ihr euch selbst beraubt. Ihr stehlt euch die Chance auf eine schöne Zeit und ein Leben in Verbundenheit mit den anderen.

Alle Probleme lassen sich heilsam auflösen, jede Gier in Liebe verwandeln und jeder Hass in heilsame Willensstrenge. Jede verdunkelnde Dummheit kann erleuchtet werden. Shakyamuni hat es bewiesen. Jedes der drei Geistesgifte löste er auf und verwandelte es in erleuchtete Weisheit und mitfühlende Liebe.

Bilder, Symbole und das Formlose haben euer Wesen begründet. Ursachen haben euch bedingt. Es sind Ursachen, die jenseits eurer Macht liegen. Sie zeigen euch die Begrenztheit eures Egos auf. Konzepte können ein Schlüssel für das Tor sein. Doch hinter dem Tor liegt eine konzeptfreie, heile Welt.

Euer Dharmastudium bringt euch Einsichten in die Welt und in euer Wesen. Beides braucht ihr als

Dünger, um den Samen des Buddhafeldes zu nähren. Verändert euch, wenn es nötig wird. Überlegt, was ihr euch von den Menschen an Güte wünscht und lernt ihnen auch diese Güte entgegen zu bringen."

Sie verneigten sich vor ihr und fragten: „Welchen der Wege sollen wir gehen? Den Kleinen, den Großen oder den Diamantenen?" Sie strahlte mit ihrem Dharmalächeln und sagte: „Geht den Weg, der das Leid beendet. Da ist kein Ich, kein Du; das Leid beendet für alle, die ihr seid! Heilt euch und heilt die Welt."

Sie fuhr fort: „Ihr seid nicht etwas, noch seid ihr nichts. Wahrheit ist in euch. Erkennt und befreit euch. Löst die Fesseln, die euch binden und seid frei. Seid frei vom Leid, lebt frei, lebt befreit meine Freunde. Löst euch von den Sinnesfesseln. Löst euch von den Fesseln des Werdenwollens. Denn Fesseln sind Fesseln. Sie sind goldene Käfige und Gefängnisse. Freiheit ist sicherer, als Fesseln oder Mauern es je sein könnten! Meine Freunde, wahre Freiheit braucht keine Mauern. Erinnert euch daran, wie Buddha in die Hauslosigkeit zog. Fasst euch an den Kopf. Spürt nach wie er sich fühlte, als er sein Haar das erste Mal abschor, um ein Sramana zu werden. Er zog auf der Suche nach dem Ende allen Leidens aus dem Haus in die Hauslosigkeit.

Arbeitet euch durch alle Dharmatraditionen der Welt. Versteht, was sie besonders macht. Findet heraus, wie sie euch helfen, das lila Buddhafeld aufzubauen. Nutzt ihre Lehren, um euch vom Leiden zu befreien. Gebt euer Wissen an andere weiter, damit sie sich auch befreien können."

Sie verstanden, was die Bodhisattva ihnen erklärte. Ihnen wurde klar, dass sie ihr Leben bisher verschwendet hatten. Sie hätten dafür leben sollen, eine Welt zu erschaffen, die alle glücklich macht und für alle genug bietet. Stattdessen hatten sie sich nur für sich selbst interessiert. So hatte letztendlich keiner von ihnen Erfüllung gefunden. Denn allein war es nicht möglich. Weder lässt sich allein glücklich werden, noch genug erlangen.

Sie schworen sich gegenseitig, dass sie von nun an den Dharmaweg gemeinsam gehen wollten. Sie hatten Lebenserfahrung und wussten, wie viele Charakterfehler jeder von ihnen hatte. Deshalb wollten sie den Dharmapfad gehen, um gemeinsam erleuchtete Wesen zu werden. Mitgefühl und Weisheit sollten in Zukunft ihre gemeinsame Zeit bestimmen. Sie waren des Streits und Zanks überdrüssig. Sie schworen sich zukünftig, immer zusammen zu meditieren, wenn sie spürten, dass Missverständnisse aufkamen. Sie hatten verstanden, dass sich mit Meditation und Weisheit alle Missverständnisse heilsam auflösen ließen.

Die lila Sangha

Falls es dir zu viel ist. Falls du dich wirklich nach Befreiung sehnst, dann öffne dein Herz! Lila Buddhastrahlen führen dich in eine Welt aus reinem Dharma. Sie führen dich weg aus der Welt des Leidens hin zu innerem Frieden und Ruhe. Folge den Buddhastrahlen und du wirst Glück und Freude finden.

Falls du weinst und verzweifelst, wisse, es gibt Hoffnung. Falls du den Glauben an diese Gesellschaft verloren hast, dann erkenne, es gibt den Pfad, der zum irdischen Buddhafeld führt. Es ist der Pfad, der uns zu einer heilen und weisen Gesellschaft des Mitein-anders und Mitfühlens führt.

Sei dir bewusst: du bist nicht allein! Es gibt andere dort draußen, die träumen wie du von einer besseren Welt. Es gibt Menschen, die genauso oft wie du verzweifelt sind und weinten. Wie du, wünschen sie sich nur, glücklich zu leben.

Menschen, ihr müsst nur ehrlich sein. Tag aus, Tag ein leidet ihr. Ihr leidet, weil ihr euch selbst anlügt. Etwas tief in euch kennt die Wahrheit, die euch vom Leid befreit, aber ihr lebt die Lüge weiter. Hört auf, wenn ihr glücklich sein wollt! Seid ehrlich zu euch selbst und ihr werdet glücklich strahlen.

Wir alle leiden. Glaubt nicht, ihr wärt allein mit eurem Leiden. Das wäre Egoismus und es wäre dumm. Begeht diesen Fehler nicht und vergesst nicht, dass wir alle im Ozean des Leidens schwimmen. Die Stürme der Sorgen fegen über jedes Leben hinweg.

Wenn wir vergessen, dass wir alle Leidende sind, werden wir innerlich hart. Denn wir denken, es sind nur wir, die leiden. Viele denken dann, die Welt tut es ihnen mit Absicht an. Aber alle anderen leiden auch. Du bist nur einer unter vielen Milliarden Wesen dieser Erde, die geplagt werden von zahllosen Problemen.

Wann immer du zukünftig leidest, erinnere dich daran, dass die anderen genauso wie du leiden. Wenn du Sorgen, Probleme und Krisen durchlebst, halte inne und fühle, wie die anderen genau das Gleiche erleben. Wenn du das getan hast, dann halte an und suche nach dem Weg, wie du mit ihnen in Verbindung treten kannst. Denn zusammen können wir mehr erreichen. Zusammen können wir unsere Probleme lösen.

Das endlose Leiden der Wesen kannst du mitfühlen, wenn du dich auf sie einlässt. Genauso fühlt die purpurne Buddhina mit ihnen. Sie fühlt auch mit dir und in wie vielen Momenten, du der Verzweiflung nahe bist. Sie spürt, wie oft du kurz davor warst, alles aufzugeben. Ihre lila Weisheitslehren sendet sie zu dir, damit du die Ursachen deiner Probleme verstehen lernst.

Die Weisheit blüht in vielen. Hinter ihren Alltagsmasken, die sie aus Angst zum Schutz tragen, blüht das Wunder des Dharma. Es blüht die Liebe und die mitfühlende Güte. Es blüht die Weisheit und zaubert die schönsten Blumen der Erkenntnis.

Ein kleiner Traum lebt in jedem Kind, jedem Mann, jeder Frau, jedem Alten; in Menschen, Tieren und Pflanzen. Es ist der Traum von Glück und Frieden! Wenn wir alle das wollen und es doch noch nicht erreicht haben, woran liegt das? Wenn wir wirklich alle Glück und Frieden wollen, dann muss da ein Weg sein für unser aller Glück und Frieden. Zweifelt nicht; denn es gibt ihn. Es muss ihn einfach geben! Lasst ihn uns gemeinsam gehen.

Wagt zu träumen! Was kann es schaden, von einer besseren Welt zu träumen? Es ist besser, als an der heutige Welt zu verzweifeln. Manchmal helfen vom tantrischen Geist gemalte Bilder die Welt zu transzendieren und auf diesen visuellen Strahlen schneller auf dem Pfad vorwärts zu schreiten. Benutzt eure Imaginationskraft. Seid kreativ! Seid offen! Träumt und lebt euren Traum!

Wir träumen alle von einem glücklichen Leben. Kann das nicht der Grund sein, um uns zusammenzuschließen und gemeinsam Glück zu schaffen? Jeder Mensch hat ganz verschiedene Stärken. Tun wir uns zusammen und profitieren wir voneinander. Lernen wir voneinander und stärken uns gegenseitig.

Sucht den Guru in der Welt. Sucht den Guru in euch. Folgt den Symbolen Buddhas. Nehmt Zuflucht zu den drei Kostbarkeiten und folgt all ihren Zeichen in der Welt. Sucht auch die karmische Verbindung aus alten Leben, in denen ihr eine voll erwachte Buddhina getroffen habt. Dort liegt der Same für eure Erleuchtung verborgen! Denn die Buddhas sehen euch und nur sie sehen euren ganzen Weg über die Kalpas hinweg. Tief in euch liegt diese karmische Verbindung verborgen. Euer Karma ist über Kalpas hindurch gereift. Irgendwann müsst ihr einer Anuttara Samyak Sambodhi in einer eurer Wiedergeburten begegnet sein. Vertraut darauf, dass sie euch gesegnet hat. Nehmt diesen Segen an und lasst euch von ihrer Kraft führen. Legt eure Bodhisattva Gelübde mit der vollen Überzeugung eures Herz-Geistes ab und macht die ersten Schritte auf dem Bodhisattva Pfad.

Kalpaalte Samen liegen in euch. Wählt weise und nährt die Heilsamen. Endlose Leben sind entstanden und vergangen und haben die Ursachen begründet, die eure Geburt bedingten. Aufstieg folgte dem Fall. Das Pendel schwang zwischen dem Göttlichen und den gequälten Höllenwesen hin und her. Jetzt atmet ihr als Menschen freie Luft ein und habt das Glück dem Dharma zu lauschen. Wird es so bleiben nach eurem Tod?

Alle Sutras lehren die Kostbarkeit des menschlichen Lebens. Also wieso verschwendet ihr es mit einem oberflächlichem Lebensstil? Ihr hört oder lest das hier, also habt ihr den Wert des Dharmas verstanden. Er stimuliert zwar nicht eure niederen Triebe. Das mag sein und es mag sogar sein, dass sein Pfad zu beschreiten, Energie und Kraft kostet. Aber der Lohn, den euch der Dharmapfad verspricht, ist der Fluss des reinen Glücks und das Ende eures Leidens.

Es scheint eine neue Zeit angebrochen zu sein. Neue Techniken haben die Alten überholt. Aber auch das Alte war einst das Neue und das Neue von Heute wird irgendwann das Alte sein. Ob es jemals ein Buddhafeld auf Erden gibt, bevor unsere Sonne zur Supernova wird, liegt in den Händen der lila Bodhisattvas. Ihre Tatkraft, ihre Weisheit und ihr ausdauerndes Mitgefühl haben die Macht dazu. Werdet ihr auch lila Bodhisattvas werden? Werdet ihr euch ihnen anschließen und Teil der lilanen Sangha werden?

Die lila Sangha folgt dem Dharma der lila Buddhina. Denn der lila Dharma hat ihren Leben Sinn gegeben. Das Buddhafeld ist der gemeinsame Traum aller Sanghamitglieder. Dieser Traum schweißt sie untrennbar zusammen. Er treibt sie dazu, wieder und wieder in die Sangha zu gehen. Denn dort treffen sie jene, die dasselbe träumen. Sie haben verstanden, dass es nur durch gemeinsame Anstrengung möglich ist, das Buddhafeld aufzubauen.

Eine Sangha ist ein freier Ort. Jeder kann kommen und gehen. Wir bitten nur, es auf eine höfliche und freundliche Art zu tun. Gern darf es mit einer offiziellen Begrüßungs- und Abschiedszeremonie geschehen. Lasst kein Sektentum zu. Verhindert das Entstehen von unheilsamen Dogmen und Ausschließlichkeitsansprüchen. Bleibt frei im Geist, frei im Herzen und frei im Wählen eures spirituellen Praxisortes.

Wir Menschen verhalten uns oft so unsicher im Umgang miteinander. Wir leben mit einer unbewussten Angst voreinander. Wen wundert es: in den letzten Jahrhunderten haben wir Menschen uns so grausame Dinge angetan. Wir könnten von vorn anfangen oder einfach die Wunden heilen und angstfreies Vertrauen zwischen uns allen aufbauen.

Doch Furcht - dauernde, unterschwellige Furcht - voreinander bestimmt unser Miteinander. Wir sind Gefangene unserer Ängste. Lauernd warten wir auf etwas fieses und gemeines, dass der andere tun könnte. Unsere Angriffs- und Abwehrstrategien halten wir ständig griffbereit, statt uns einfach zu öffnen und loszulassen, um den anderen mit der liebenden Güte unseres freien Herzens begegnen zu können.

Öffnet endlich eure Herzen füreinander. Richtet eure gemeinsame Zeit darauf aus, das Buddhafeld zu erschaffen. Tut es dreifach in Gedanken, Worten und Taten. Verplempert eure Zeit nicht mit Sinnlosem, am wenigsten mit kaltherzigem Lästern. Kümmert euch nicht um die neueste Mode und beurteilt Menschen nicht danach wie gut sie ihr entsprechen oder welche Musik sie bevorzugen.

Habt Respekt voreinander und drückt diesen Respekt durch Tiefsinniges aus. Das bedeutet, ihr solltet die gemeinsame Zeit auf den Dharma konzentrieren. Redet darüber, wie ihr euren Geist und eure Emotionen heilender wirken lassen könnt. Das wird euer Leben mehr bereichern als das Lästern über Kunden und Kolleginnen.

Wir können uns auf der emotionalen Ebene frei von Vorurteilen berühren. Wir können uns dabei wirklich kennenlernen. Nackt und rein ist es möglich, wirklich eine Verbindung zwischen uns zu knüpfen. Sie kann aus reinem Mitgefühl und tiefem Verständnis bestehen.

Dieses reine Einfühlen ineinander ist heilsam. Es ist ein Weg des Erkennens und Erlebens. Indem ihr das

Wesen der anderen verstehen lernt, lernt ihr auch euch besser zu verstehen.

„Was kann ich tun Buddhina?", fragte die kleine Bodhisattva. „Gründe eine Sangha in deren Zentrum die lila Sutrafantasie vom irdischen Buddhafeld steht!", antwortete die Buddhina, „widme den Rest deines Lebens dem Buddhafeld und dem Dharma. Dann wird dein Leben sinnvoll gewesen sein!"

Die Buddhina fuhr fort: „Deine ersten Schritte sollen sechsfach sein; studiere dafür Shantideva mit deinem ganzen Wesen und lerne die Paramitas der Bodhisattvas. Erinnere dich an die Paramitas am Morgen. Zähle sie auf. Rezitiere sie, damit du dich am Tag daran erinnerst. Nutze die Augenblicke, die vor dir liegen, um die Kunst der Paramitas zu vervollkommnen. Übe und lass dein ganzes Wirken zu den Paramitas der Bodhisattvas werden."

Die Buddhina erklärte: „Schmerz, Entbehrung und Verzweiflung sind unausweichlich. Leider ist das Dukkha in dieser Welt allgegenwärtig. Aber es ist möglich, sich davon zu befreien, indem du genug heilsames Karma ansammelst. Also nutze jeden Augenblick und hilf den anderen. Studiere das richtige Helfen. Die Möglichkeiten zu helfen sind riesig. Hilf ihnen medizinisch, wirtschaftlich, politisch und psychologisch."

Das Licht des Dharma erstrahlt im neuen Glanz. Es hat eine neue Anziehungskraft und Schönheit entwickelt. Das macht den Dharma zum Leitstern, der uns aus dem Tal des Elends, dem dunklen Wald der Sorgen, dem Vulkan der brennenden Gier und dem lodernden Hass hinausführt. Das ist die Hoffnung der Hoffnungslosen. Es ist der Ausweg aus dem Leiden.

Die Purpurne erläuterte: „Es ist hilfreich kleine Suttas auswendig zu lernen und als Kompass gelegentlich zu rezitieren. Während du die Texte studierst, übe dich auch darin, mitfühlend zu leben. Blumen sprießen. Pflücke sie nicht, lass sie leben. Die Tiere spielen. Erschieße sie nicht, lass sie leben. Die Kinder lachen. Bestrafe sie nicht, lass sie frei leben. Fremde Menschen leiden, hilf ihnen. Sei gütig zu allen Lebewesen. Mach dir bewusst, dass jedes Leben schützenswert ist!"

Die großen Bodhisattvas wachen über die Welt und gleichzeitig ist jedes Wesen verantwortlich für seinen Wiedergeburtsweg. Das ist die Crux. Heilige Bodhisattvas sind da und bereit dir bei jedem deiner Schritte zu helfen. Aber es liegt an dir, ob du diese Schritte überhaupt gehen willst. Du allein bist entscheidend, um Anatta zu verstehen. Du bestimmst dein zukünftiges Karma!

Die Weltlinge zweifeln, dass es einen Weg auf dieser Erde gibt, an dessen Ende alle Lebewesen dieses Planeten eine faire Chance auf Glück bekommen. Aber es gibt diesen Weg! Die Weltlinge zweifeln und ihre Zweifel hindern sie daran loszulegen. Aber es gibt diesen Weg. Er liegt verborgen und ist doch greifbar. Auf den Stufen purpurner Strahlen können wir ihn alle beschreiten. Im lila Sonnenschein kann er eines Tages auf der ganzen Erde wahr werden.

Die lila Sangha ist der Ort, an dem wir zusammen kommen, um auf den purpurnen Dharmastrahlen zu reiten. Wir kommen zusammen, denn wir glauben an das Buddhafeld. Aber wir kommen auch zusammen, um unsere Umgangsformen von allem Dünkel und Hartherzigen zu reinigen. Seid nett und hilfsbereit zueinander. Tut, sagt und denkt nichts, von dem ihr wisst, es wird euren Mitmenschen schaden.

Wir kennen die Geschichte unserer Spezies. Leider gibt es noch immer Menschen, die glauben, Habgier und Hass könnten etwas anderes als Katastrophen bewirken. Sie liegen falsch. Habgier und Hass enden immer in noch mehr Leid. Sie bringen nicht nur Leid für die anderen. Sie bringen das Leiden auch zu denen, die Hass und Gier ausgesandt haben.

Die purpurnen Bodhisattvas wollen in Demut leben. Der purpurne Dharma hatte ihren Glauben an das Buddhafeld geweckt. Sie widmen ihr ganzes Streben dieser Wahrheit. Jeden Schritt und jeden Atemzug wollen sie in lila Dharma verwandeln.

Sie werden lila Gärtnerinnen, die säen. Sie säen die Samen der Erkenntnis und der Wahrheit. Denn sie wollen mit allen Menschen gemeinsam die heilsamste, aller möglichen Erden erschaffen. Das ist zweifelsfrei die Erde, die ein Buddhafeld geworden ist und für alle Wesen den Ausweg aus dem Leiden weist. Das Buddhafeld macht ein heiles Leben möglich.

Hier endet die Sutrafantasie der lila Buddhina und ihrem Dharma vom irdischen Buddhafeld. Es ist ein Dharmaschatz, der durchs Lesen zu deinem geworden ist. Übe dich im Heilsamen und werde ein Baustein des zukünftigen Buddhafeldes, damit es eines Tages für jedes Wesen der Erde möglich wird, sich von all seinem Leiden zu befreien und leidfrei und glücklich zu leben.

Singsutra

Auf einer Lichtung saß eine Bodhisattva und sang ein Dharmalied. Dazu tanzte sie gern. Ihr Körper schwang dabei im Rhythmus des Dharmaliedes. Gern spielte sie auch auf einem ihrer Musikinstrumente und das Dharmalied klang dann noch schöner.

Sie sang: „Sehet ihr Menschen. Höret ihr Menschen. Die Offenbarung des Buddhafeldes auf Erden ist endlich wahr geworden. Die lila Buddhina hat uns ihre Sutrafantasie geschickt. Ich singe für euch leidende Wesen. Wo auch immer ihr seid und wie stark euer Herz vor Schmerz schreit. Hört mir zu, denn genau für euch singe ich mein kleines Dharmalied."

Sie sang mit sanfter Stimme weiter: „Die lila Buddhina gab mir Vertrauen und lehrte mich Weisheit. Möge sie euch auch Vertrauen geben und Weisheit lehren.

Die lila Buddhina gab mir einen Traum. Es ist der Traum vom Buddhafeld auf Erden. Möge sie euch auch den Traum vom Buddhafeld auf Erden schenken.

Die lila Buddhina gab meinem Leben Sinn. Denn ich will helfen das Buddhafeld aufzubauen. Möge sie euch auch einen Sinn im Leben geben, wenn ihr helft das Buddhafeld aufzubauen.

Träumt mit mir vom Buddhafeld. Singt mit mir vom Buddhafeld. Lebt mit mir im Buddhafeld."

Sie sang ständig. Seit ihren Kindertagen war singen das Wichtigste in ihrem Leben gewesen. Manchmal sang sie ihr kleines Lied allein, während sie tanzte. Manchmal summte sie das kleine Sutralied nur und hatte die Worte im Kopf. Manchmal träumte sie sogar vom kleinen Sutralied. Immer wenn sie das tat, brachte sie der Gedanke ans Buddhafeld zum Lächeln. Manchmal kamen auch Wanderer des Weges und setzten sich zu ihr. Dann sangen sie gemeinsam das Lied vom Buddhafeld.

Über den Autor:
Mit lila Augen
sah er der Lilanen ins Gesicht
und verstand ihren lila Traum.